KB053154

돈이 되는
상가를 사라

돈이 되는
상가를 사라

2021년 8월 11일 개정판 1쇄 발행
2022년 4월 27일 개정판 2쇄 발행

지은이 | 전철, 김인만
펴낸이 | 이종춘
펴낸곳 | (주)첨단

주소 | 서울시 마포구 양화로 127 (서교동) 첨단빌딩 3층
전화 | 02-338-9151
팩스 | 02-338-9155
인터넷 홈페이지 | www.goldenowl.co.kr
출판등록 | 2000년 2월 15일 제2000-000035호

본부장 | 홍종훈
편집 | 전용준, 문다해
전략마케팅 | 구본철, 차정욱, 나진호, 이동후, 강호묵
제작 | 김유석
경영지원 | 윤정희, 이금선, 최미숙

ISBN 978-89-6030-582-3 13320

황금부엉이에서 출간하고 싶은 원고가 있으신가요? 생각해보신 책의 제목(가제), 내용에 대한 소개, 간단한 자기소개, 연락처를 book@goldenowl.co.kr 메일로 보내주세요. 집필하신 원고가 있다면 원고의 일부 또는 전체를 함께 보내주시면 더욱 좋습니다. 책의 집필이 아닌 기획안을 제안해주셔도 좋습니다. 보내주신 분이 저 자신이라는 마음으로 정성을 다해 검토하겠습니다.

3단계로 끝내는 상권 분석부터 세금 문제 해결까지

돈이 되는
상가를 사라

전철 × 김인만 지음

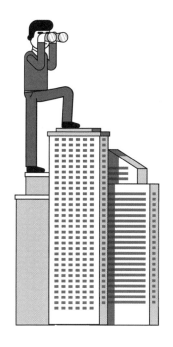

BM 황금부엉이

최근 몇 년 사이에 아파트 가격이 폭등하자 많은 부동산 투자자가 아파트 등의 주택이 아닌 상가로 눈을 돌리고 있다. 100세 시대를 맞아 안정적인 임대 수익을 기대할 수 있다는 점도 영향을 미쳤다고 본다. 실제로도 상가 거래가 부쩍 활발해지고 있다.

하지만 상가 투자는 어렵다. 그동안 아파트 매매를 꾸준하게 해서 빌라, 오피스텔도 웬만큼 할 수 있다는 투자자도 상가 앞에서는 고민을 많이 한다. 특히 부동산 초보 투자자에게는 상가 투자가 가까이 다가가기 어려운 미지의 영역처럼 느껴질 수도 있다.

상가는 '수익률'이 전부라고 하지만 그렇지 않다. 수익률, 안정성, 환금성, 미래 가치까지 포함되어 있어야만 진정으로 알짜 상가라 할 수 있다. 그런 상가를 보는 기술을 알려주기 위해 이 책을 집필했다. 이 책을 읽은 후 알짜 상가를 찾을 수 있는 기술을 습득한다면 어렵게만 느껴졌던 상가 투자의 성공 지름길이 보일 것이다. 상가 투자에 엄두를 내지 못하던 초보 투자자, 수익이 나지 않는 상가를 사는 바람에 몸 고생과 마음고생을 하고 있는 투자자, 좀 더 안정적인 노후를 위해 상가에 관심을 두고 있는 은퇴자를 위한 책이라고 할 수 있다.

상가 투자에 필요한 기본 지식부터 상권 분석, 투자 노하우, 상권별 분석법뿐만 아니라 최신 상가 임대차 보호법 등 법적인 내용까지 현장에서 직접 발로 뛰며 경험한 사례를 바탕으로 집필했다. 상가 투자자뿐만 아니라 상가에 입점하려는 창업자도 쉽고 빠르게 이해할 수 있을 것이다.

1장에는 아파트보다 어려운 상가 투자의 성공 요소, 임대 수익률 계산법, 공실 관리, 상권 분류법 등을 통해 알 수 있는 상가 투자의 기본에 대해 담았다. 2장에는 배후 수요와 동선, 흐르는 자리 등을 통해 상권을 종합적으로 분석하는 기술을 최대한 쉽게 담았다.

3장에서는 상가 투자 전문가들의 상가 투자 전략 등을 정리해 소개했다. 4장에서는 지하철역, 병원, 오피스 등 상권별로 어떻게 투자해야 하는지에 대한 노하우를 알 수 있을 것이다.

마지막 5장에서는 상가 용도 변경, 정화구역, 권리금, 상가 임대차 보호법 등 상가 투자를 할 때 꼭 알아야 할 법률적인 지식에 대해 쉽게 설명했다.

이 책을 집필하는 데 많은 도움과 응원을 해준 부사모(부동산과 좋은 사람들 모임), 인우회, 부동산 전문가들의 모임인 KR파트너스, 부동산리더스포럼의 회원님들, 랜드고 중개법인 최현주 대표님과 이사님들, 부동산 현장에서 만난 전문가 지인들께 깊은 감사를 드린다. 마지막으로 항상 큰 힘이 되어주는 사랑하는 내 가족에게 이 책을 바친다.

전철

차례

제 1 장
상가
투자
첫걸음

"아파트는 사봤지만 상가는 처음입니다."
많은 사람이 상가 투자는 생소하거나 어렵다고 생각한다.
같은 부동산이지만 아파트와 상가는 전혀 다르다. 아파트는
주거 목적의 부동산이지만 상가는 물건이나 서비스를 판매
하기 위한 목적의 부동산이다. 승용차와 화물차 간의 차이라
고 할 수도 있다.
유동 인구가 많거나 월세를 많이 받으면 무조건 좋은 상가일
까? 상가에 투자할 생각이라면, 직장에서 받는 월급과는 또
다른 월급을 주는 상가를 사고 싶다면 이번 장에서 설명하고
있는 상가의 가치 요소, 수익률 계산법, 공실 관리, 상권의 의
미, 상가를 구입하는 목적 파악방법, 상권이 형성되는 과정,
상권 분류 등부터 상세히 알아야 한다.

코로나 시대, 아파트 투자보다
어려운 상가 투자

수익형 부동산의 대표인 상가 투자는 아파트 투자와 전혀 다르게 접근해야 한다.
노력한 만큼 보답이 더 크게 찾아오는 상가 투자의 개념을 이해해보자.

"상가 투자를 하고 싶습니다. 어디에 투자하면 될까요?"

이런 질문을 받으면 필자는 항상 다시 묻는다.

"월세가 필요하세요? 월세 받아서 어떤 용도로 사용하실 건가요?
지금 연 수입은 어떻게 되나요?"

필자가 이런 질문을 왜 한다고 생각하는가? 상가는 월세라는 임
대 수익 발생을 목적으로 하는 수익형 부동산이기 때문이다.

월세 수익이 당장 필요 없는 분이라면 굳이 상가 투자를 할 필요
가 없다. 괜히 어설프게 상가 투자를 하면 얻은 임대 수익 대부분을
소득세로 내야 할 수도 있기 때문이다. 연 소득이 높은 상황에 임대
수익까지 더해지면 소득세율이 올라가면서 배보다 배꼽이 더 커질
수 있는 것이다.

국내 굴지의 대기업인 S전자에 다니는 고객을 만났다. 만나자마자 상가 투자를 하고 싶다는 것이 아닌가. 필자는 월세 받아서 무엇을 할 것인지 물었더니 다음과 같이 말했다.

"그냥 돈 더 벌면 좋을 것 같아서요."

그 고객은 당시 무주택자였고 아내도 S전자를 다니고 있었다. 맞벌이였다.

"부부 합산 연 소득이 억 단위가 되는 상황에서 무작정 상가 투자를 했다가는 최고 소득세율을 적용받을 것입니다. 그러면 받은 월세 거의 대부분을 세금으로 내게 됩니다. 차라리 상가 투자를 하지 마시고 내 집 마련부터 먼저 하는 것이 좋겠습니다."

반대의 경우도 있었다. 50대 부부가 아파트 투자를 하고 싶다며 찾아왔다. 남편은 퇴직하고 고정 수입이 끊어진 상황이었다. 거주할 집이 있는데도 아파트를 하나 더 구입하려고 했다.

퇴직 이후에는 고정 수입이 매우 중요하다. 앞에서 말했던 S전자 고객의 경우에는 적어도 10년 이상 억대 연 소득 확보가 가능하고 집이 없기 때문에 상가 투자를 하지 말라고 했지만 이 50대 부부는 그럴 상황이 아니다. 당장 고정 수입이 없어서 갖고 있는 돈을 써야 했다. 이런 상황에서 고정 수입이 기대되는 상가에 투자하지 않고 아파트에 투자한다는 것은 현실에 맞지 않다. 재취업을 해도 전 직장 때보다 수입이 많이 떨어질 것이므로 50대 부부는 수익형 부동산에 투자해야 한다. 이처럼 상가 투자는 투자자의 상황과 목적에 맞아야 한다.

우리가 흔히 말하는 상가 투자는 크게 상가 개발, 상가 창업, 상가 투자로 나눌 수 있다. '상가 개발'은 (상가) 분양으로 (개발) 이익을 얻기 위해 말 그대로 상가를 개발하는 것이다. 상가를 개발하는 사람들을 상가 개발자라고 한다. '상가 창업'은 장사라는 영업을 통해 (사업) 이익을 얻는 것을 말한다. 상가를 창업하는 사람들을 상가 창업자라고 한다. '상가 투자'는 상가를 임대해줘서 (임대) 이익을 얻고 향후 매도하여 처분 이익까지 기대하는 것을 말한다. 이렇게 상가에 투자하는 사람들을 상가 투자자라고 한다.

상가 개발은 부동산 개발업을 주로 하는 사람들이 하는 것이므로 일반적인 상가 투자자라면 관심을 꺼도 된다. 일반적으로 상가에 투자하는 사람들은 임대 수익을 얻으려는 상가 투자자와 상가에서 장사를 하려는 상가 창업자이다. 이 중에서도 대부분은 임대 수익이 목적이므로 이 상가 투자자 관점에서 설명하도록 하겠다.

'부동산 투자를 한다'는 '투자 이익을 얻겠다'는 것이다. 부동산 투자의 이익에는 시세 차익을 통한 투자 수익과 임대 소득을 통한 임대 수익으로 구분할 수 있다. 시세 차익이 주목적인 부동산을 투자형 부동산이라고 하며 아파트, 재건축 및 재개발, 분양권, 토지 등이 있다. 임대 소득이 주목적인 부동산을 수익형 부동산이라고 하며 상가, 오피스텔, 꼬마 빌딩 등이 있다. 최근에는 연금형 부동산이라고도 한다. 물론 월세를 받을 수 있는 소형 아파트는 투자형 부동산 외에도 수익형 부동산으로 볼 수 있다. 가치 상승이 기대되는 꼬마 빌딩 역시 수익형 부동산이라고 할 수도 있고 투자형 부동산이라고 할 수도 있다.

상가는 대표적인 수익형 부동산이다. 임차인에게 장사할 수 있는 공간(상가)을 임대해줘서 임대료(월세) 수익을 얻는 것이 목적이다. 두 마리 토끼(투자 수익과 임대 수익)를 다 잡으면 좋겠지만 현실적으로 두 마리 토끼를 다 잡기는 쉽지 않다. 두 마리 토끼를 다 잡으려다가 한 마리도 잡지 못하는 결과가 나올 수도 있으므로 기본 목적에 충실하게 임대 수익을 우선 고려한다. 그런데 코로나19(이하 '코로나')로 인해 비대면 시대가 열리면서 한 마리 토끼인 임대 수익만 안정적으로 얻기도 어려운 요즘이다. 예전보다 임대 수익률이 더 낮아지는 추세이므로 변하는 투자 환경에 발 빠른 대응이 더욱 필요해졌다.

임대 수익률은 투자 수익률과 반비례 관계다. 임대 수익률이 높으면 투자 수익률이 높지 않은 경우가 많다. 통상적으로 서울의 경우 임대 수익과 투자 수익을 합친 총 수익률은 5% 정도로 잡는다. 임대 수익률이 4%라면 투자 수익률은 1% 정도, 임대 수익률이 3%라면 투자 수익률은 2% 정도로 보면 된다. 소형 아파트를 월세로 돌리면 임대 수익률이 1~2% 정도 나오는데 투자 수익률은 3~4% 이상이 된다는 말이 된다.

결론적으로 상가는 수익형 부동산이다. 물론 상가를 창업 목적으로 사는 상가 창업자도 있지만 임대 수익을 목적으로 사는 상가 투자자의 비중이 90% 이상이라고 봐도 된다.

상가 투자는 아파트 투자와 달리 간단하지가 않다. 사실 부동산 투자에서 가장 쉽고 안전한 것이 아파트다. 내가 가진 자금에 맞춰서 원하는 지역, 요건(학군, 교통, 편의시설, 세대수, 브랜드, 입주 연도 등), 입주 여부 등에 맞는 아파트(매물)를 골라 계약하면 된다. 아파트는 실거래 정보, 시세가 상당 부분 공개가 되어 있고 공인중개사 사무소 몇 곳만 방문해도 90% 이상 검증할 수 있기 때문에 특별한 경우 외에는 잘못된 투자를 할 가능성이 낮다.

반면 상가는 아파트와 전혀 다른 접근 방법이 필요하다. 주택이 아니므로 양도세 계산 시 주택 수에 포함되지 않고 양도세와 종합부동산세, 취득세 중과가 되지 않으며 자금 증빙 및 대출 규제에서도 주택보다 자유롭다. 하지만 1가구 1주택 (양도세) 비과세가 적용되지 않고 취득세율도 높다. 임대사업자 등록을 해야 하며 임대 소득에 따른 소득세도 발생한다. 또한, 개별성이 강해서 상가 정보 자체가 제한적이며 같은 상권이라도 상가 가격과 임대료가 다르다. 상권 입지, 업종, 매매 가격과 임대료의 수익률, 주변 시세 외에도 배후 수요, (유효 수요의 흐름 방향인) 동선, (유효 수요의 흐름 속도인) 흐르는 자리에 따라 상가 가치의 차이가 발생한다. 더 나아가 같은 상가건물이라도 상가의 실제 도면을 봐야 하고 상가 전면의 너비와 깊이, 내부 기둥 유무, 상가 전면 공지(녹지 공간) 유무, 출입구 계단 유무, 층고, 테라스 공간 설치 가능 여부 등에 따라서도 차이가 나기 때문에 꼼꼼하게 사전에 파악해야 한다.

또한, 코로나로 인해 비대면 시대가 시작되면서 기존의 상가 투자 공식이 깨지고 있다는 것을 알아야 한다. 역세권 코너 등이 최고 인기 자리였지만 비대면 시대로 배달이 활성화되자 비싼 월세를 내면서 대로변 코너 상가를 임대하는 것보다 차라리 골목으로 눈을 돌려 임대료 등 고정 비용을 낮추려는 임차인이 늘어나고 있기 때문이다. 그러므로 기존의 상가 투자 공식을 맹신하기보다 변화된 시대 흐름에 맞는 눈으로 상가를 볼 줄 알아야 한다.

지금은 수익률이 잘 나온다고 해도 공실(空室)이 되면 심각한 문제가 발생할 수 있고, 팔려고 해도 아파트처럼 잘 팔리지 않거나 취득 가격보다 오히려 더 낮은 가격에 팔아야 할 수도 있다. 환금성(換金性)까지도 고려해야 한다.

이처럼 상가는 수익성, 안정성, 환금성, 미래 가치, 시대 상황까지 고려해야 하기 때문에 복잡하고 어렵다. 하지만 잘 잡은 상가는 안정적인 임대 수익을 꼬박꼬박 줄 뿐만 아니라 가치 상승이라는 투자 수익까지 덤으로 주는 효자이기 때문에 노력한 만큼 보답이 오는 부동산 투자가 바로 상가 투자다.

상가,
참 많다

주택도 단독주택, 다가구주택, 다세대주택, 아파트 등 여러 가지가 있듯이
상가도 단지 내 상가, 근린 상가, 복합 상가 등 그 종류가 많다.

'상가'라고 해서 다 같은 상가가 아니다. 아파트 단지 안에 있는 상가, 길거리에서 흔히 볼 수 있는 근린 상가, 상층부에 아파트나 오피스텔이 있는 복합 상가, 요즘 퇴직자들의 로망인 (상가와 주택이 같이 있는) 상가주택 등 다양하게 있다.

단지 내 상가

(아파트) 단지 내 상가는 고정적인 배후 수요를 확보하고 있어서 안정적인 임대 수익을 얻을 수 있다. 하지만 상업 지역보다 배후 수요가 제한적인 경우가 많아서 배후 수요인 아파트 단지 세대수가 500세대 이상이 되지 않으면 기대에 미치지 못할 수도 있다.

단지 내 상가는 입찰을 받는 경우 외에는 프리미엄이 붙어 있을 가능성이 높다. 입찰 당시에도 미래 가치가 미리 반영된 경우가 많아서 투자보다는 안정적인 임대 수익을 우선적으로 하는 것이 좋다.

단지 내 상가라는 특성상 임차인의 업종 범위가 제한적이다. 그래서 편의점, 공인중개사사무소, 커피전문점, 치킨점, 미용실, 세탁소 등의 업종이 들어갈 수 있는 입지의 점포를 선택하는 것이 중요하다. 단지 내 상가를 보러 임장(臨場)을 나갔는데 편의점과 공인중개사사무소가 이미 입점해 있다면 세대수를 감안해 추가적인 입점이 가능한지, 업종 제한이 있는지, 그리고 다른 업종이 들어갔을 때 타당성이 있는지를 파악해야 한다.

근린 상가

주거 지역 인근에 있는 상가를 근린 상가라고 말한다. 근린 상가는 상권에 따라 지하철역이나 KTX역 주변의 역세권 상가와 계획 도시인 택지지구나 중심 상업 지역에 위치한 중심 상업권 상가, 최근 유행하는 길거리 개념의 연도형 상가(스트리트 몰)로 구분할 수 있다. 또한, 구분 등기 여부에 따라 꼬마 빌딩 형태의 근린 상가 빌딩, 각 점포당 주인이 별개로 되어 있는 구분 상가 중 중대형 규모의 근린 상가 빌딩으로 나눌 수도 있다.

골목 상권에 있고 3~4층에 연면적 $500㎡$ 이하 정도의 꼬마 빌딩은 다가구주택처럼 한 명의 주인이 여러 명의 상가 임차인에게 임대를 주는 통 빌딩 형태가 많다. 물론 규모가 큰 형태도 있지만 대부분은 소규모 형태다. 한 명의 주인이 땅과 건물을 모두 소유하기 때문에 안정적인 임대료가 뒷받침이 되면 지가(地價) 상승에 따른 가치 상승도 기대할 수 있다.

이런 꼬마 빌딩은 예전부터 해당 지역에 단독주택을 보유하고 있다가 골목 상권이 발달하자 근린 상가건물로 건축한 경우가 많다. 반면 번화가에 있고 6~10층 이상의 중대형 상가 빌딩은 다세대주택처럼 상가가 각각 분양되어 구분 등기이며 상가 주인이 각각 존재한다.

신도시 개발 현장에 가보면 상가 공사 현장에서 광고지를 나눠주고 상가 홍보를 하는 양복 입은 사람들을 봤을 것이다. 구분 등기가 되는 각 상가를 분양하려는 것이다. 이런 중대형 상가 빌딩은 상업 지역에 택지를 확보한 다음, 건축해서 상가 분양을 한 경우가 많다. 구분 등기가 된 상가의 경우 대지 지분은 낮은 편이기 때문에 가치 상승보다는 (위치와 상권에 따라) 임차 업종이 매우 다양하고 범위가 넓다는 장점을 활용해 안정적으로 임대료 잘 받는 것을 주목적으로 한다.

복합 상가

보통 주상복합, 오피스텔, 지식산업센터의 상가를 복합 상가라고 한다. 상층부에는 아파트(주상복합)나 오피스텔이 있고 저층에 근린 상가가 있다.

상층부에 아파트나 오피스텔 등 주거시설이 있어서 고정 수요를 확보할 수 있다. 또한, 입지가 좋은 지하철역이나 상업 지역에 있는 경우가 많아서 매력적일 수 있지만 고정 수요가 오피스텔의 경우 300세대, 아파트의 경우 500세대 이상이 되지 않으면 기대보다 못할 수 있다. 또한, 분양가와 관리비가 높은 경향이 있어서 충분한 타당성 확인이 필요하다.

최근에는 지식산업센터가 많이 건설되면서 지식산업센터 상가 분양도 눈에 많이 띈다. 1층은 근린 상가로, 2층은 업무 지원시설로, 3층 이상은 업무시설로 구성되는 경우가 많은데 근린 상가와 업무 지원시설은 대출 한도와 금리 차이가 발생할 수 있으므로 잘 확인한다.

근린 상가로 되어 있는 1층 상가는 일반 근린 상가건물이나 주상복합 건물의 상가와 동일하다. 그런데 일반 근린 상가로 봤을 때 동네 상권 또는 광역 상권인데도 지식산업센터의 경우 오피스 상권으로 분류된다. 공휴일이나 주말에는 상가 이용 고객이 현저하게 떨어지기 때문이다. 그래서 지식산업센터의 상가에 투자한다면 상권 분석을 더욱 꼼꼼하게 할 필요가 있다.

테마 상가

테마 상가는 쇼핑몰 개념인데 (정해진) 테마에 맞는 유사한 업종들이 한 곳에 모여 있는 형태를 갖추고 있다. 유사 업종이 몰려 있어서 시너지가 발생해 경쟁력을 높일 수 있다는 장점이 있지만 쇼핑몰 자체 경쟁력을 잃으면 도매급으로 같이 문을 닫는 상황이 되어 경매 시장에 한꺼번에 매물이 나올 위험 가능성도 있다. 지역별로 전자 (테마) 상가, 의류 (테마) 상가 등이 많지만 지금은 공구 유통 상가가 그나마 선전한다고 본다. 오죽하면 핵심 상권인 강남 요지에 분양했던 테마 상가가 기대와 달리 좋은 결과를 내지 못해 경매 시장에 자주 나오는 단골 메뉴가 된 경우도 있다.

필자의 한 고객이 테마 상가를 분양받고 오랜 시간 동안 마음고생을 했다. 해당 테마 상가 분양 관련 일을 하는 동서의 제안으로 산 것이다. 그나마 다행으로 1구좌만 분양을 받았지만 문제는 장인 어른에게서 발생했다. 분양 일을 하는 사위의 투자 가치가 좋다는 말에 노후를 위해 마련한 은퇴 자금까지 쏟아 5구좌나 분양을 받은 것이다. 계속 공실이 되는 바람에 임대료는 생각도 못하고 관리비만 내주는 임차인만 있어도 좋겠다며 한숨을 쉬고 있다. 분양가 절반 가격으로도 팔리지 않는 상황이다.

결과적으로 서로 얼굴을 못 보는 사이가 되었다. 처음부터 필자에게 물어봤다면 말렸을 텐데 참 안타까웠다. 아무리 확실하다는 생각이 들어도 절대 가족에게까지 무리하게 추천하면 안 된다. 특히 테마 상가라면 더욱더 그렇다.

🏠 상가주택

1층 또는 2층까지 저층부는 상가, 3~4층 상층부는 주택 (원룸, 투룸, 쓰리룸)으로 구성되어 있으면 보통 상가주택이라고 한다. 근린 상가로 이뤄진 빌딩과 같은 꼬마 빌딩의 한 종류이다. 지가 상승에 따른 가치 상승과 안정적인 임대 수익을 얻을 수 있으며 탑층을 방으로 하면 주인 세대도 거주가 가능해서 '투자+임대 수익+거주', 즉 3마리 토끼를 다 잡는다.

상가주택은 주택가나 먹자골목에 주로 자리 잡고 있다. 건물 통째를 구입해야 하기 때문에 서울에서는 20~50억 원은 기본이며 강남 등 인기 지역은 80~100억 원 또는 그 이상이기 때문에 선택을 잘 해야 한다. 한번 잘못된 선택을 하면 재산상의 큰 손실과 마음고생을 하게 된다. 다른 상가도 마찬가지지만 상가주택도 개별성이 강해서 위치, 입지, 상권, 건물 상태, 임대료, 매매 가격 등을 꼼꼼하게 조사해야 한다.

파생 상가

호텔, 공원 등 특수한 시설 안에 있는 상가를 파생 상가라고 하는데 평소에 접하기는 힘들다. 직영점으로 운영되는 경우와 분양하는 경우가 있으며 기차역이나 지하철역에서처럼 주기적으로 재계약을 하는 경우도 있다.

파생 상가는 공급이 제한적이고 독점적으로 상권을 확보하기 때문에 경쟁력이 있다. 하지만 돈이 있다고 쉽게 매매할 수 없기 때문에 분양이나 공개 추첨을 한다고 해도 운이 따라야 한다. 일부에서는 특수관계를 이용해 영업권을 확보하기도 한다.

필자가 대학교를 다닐 때 여름방학 동안 삼촌이 운영하는 한 놀이공원 매점에서 아르바이트를 한 적이 있었다. 콜라, 빙수를 팔았는데 우유가 다 떨어져서 빙수를 팔 수 없을 정도였다. 얼마나 장사가 잘되었는지 가늠할 수 있을 것이다. 물론 예쁜 여학생이 오면 우유를 듬뿍 넣어준 필자의 사심도 영향을 끼쳤겠지만 줄을 서서 사먹을 정도로 수요가 많았다.

당시에는 에어컨이 많이 보급되지 않아서 여름철 열대야를 피해 몰려든 사람이 많았고 아르바이트를 한 매점은 일종의 독점 상가였다. 25년 전, $10m^2$(약 3평) 정도의 작은 점포에서 하루 매출로 150만 원 정도를 올렸다. 물가 상승을 감안해 요즘 시세로 환산하면 하루 매출 500만 원, 월 매출 1억 5,000만 원인데 반해 재료 비율은 20%도 안 되었으니 한마디로 대박 상가였다. 필자도 삼촌이라는 특수관계 덕분에 당시 최저 임금이 600원 하던 시절이었는데 일당으로 5만 원을 받아 두둑하게 용돈을 벌었다.

구분	종류	내용
단지 내 상가	• 아파트 단지 내 상가 • 기타 주택의 단지 내 상가	• 고정적인 수요 확보 • 미래 가치 선반영
근린 상가	• 소규모 근린 상가 빌딩 • 대규모 근린 상가 빌딩 내 상가 점포	• 일반적이고 보편적인 상가 • 구분 등기에 따라 통 빌딩과 상가 점포로 구분
복합 상가	• 주상복합 상가 • 오피스텔 상가 • 지식산업센터 상가	• 상층부는 아파트, 오피스텔, 업무시설로, 저층부는 상가로 구성 • 고정 수요 확보
테마 상가	• 의류 전문 상가 • 전자 전문 상가 • 공구 유통 상가 • 특화 상가	• 시너지 효과와 소액 투자 가능 • 경쟁력이 없어지면 전체적으로 문 닫을 수 있음
상가주택	–	• 1층 또는 2층 상가 • 그 외 상층부는 주택
파생 상가	–	• 호텔, 놀이공원 등 내 상가

상가 투자의 성공 요소

수익성, 안정성, 환금성, 미래 가치 등 이 4가지가 상가 투자의 성공 요소다.
성공적인 상가 투자를 위해 반드시 알고 있어야 한다.

아파트 투자는 비교적 쉬운 편이다. 부동산 시장 분위기에 따라 보유하고 있는 자금에 맞춰 원하는 지역의 아파트를 선택하면 된다. 입지, 학군, 교통 등 현재 가치와 용적률, 대지 지분 등 내재 가치, 그리고 개발 호재 등의 미래 가치가 좋을수록 유명한 아파트가 되며 그만큼 가격도 비싸진다. 강남 아파트가 좋은 것을 누가 모르겠는가? 비싸서 문제지….

선호도가 높은 지역의 아파트는 좋은 아파트지만 반면 상가는 좋은 지역에 있어도 다 좋다고 하지 않는다. 월세를 많이 받으면 좋은 상가라고 말하지만 그게 그렇게 간단한 문제가 아니다. 그렇다면 어떤 상가가 좋은 상가일까? 수익성, 안정성, 환금성, 미래 가치 등 4가지 성공 요소가 잘 맞아 떨어져야 좋은 상가라고 할 수 있다.

수익성

상가는 월세라는 임대의 수익이 목적인 수익형 부동산이다. 수익성이 발생하지 않는다면 관심조차 둘 필요가 없다. 개발 가능성 있는 재건축 및 재개발 지역의 상가가 아닌 일반 상가라면 수익률이 절대적이다.

수익률이란, 투자 금액 대비 월세인 임대료를 얼마나 많이 받을 수 있느냐를 나타내는 비율을 말한다. 물론 임대 수익이 아닌 투자 수익에 대한 수익률도 있지만 통상적으로 수익률이라고 하면 임대 수익에 대한 수익률을 의미한다(수익률에 대한 상세한 내용은 뒤에서 다시 설명하겠다).

상가 종류와 입지, 상권, 임차 업종에 따라 차이가 있겠지만 2021년 7월 기준 서울에서는 보통 3% 정도로 보는데 4% 또는 그 이상이면 잘 나온다고 본다. 시중 은행 예금 금리가 (2022년 4월 기준) 대략 1.5~2% 정도인 것을 감안했을 때 1.5~2배 이상 나오면 괜찮다고 보는 것이다. 서울보다 경기, 인천 등 지방이, 1층보다 위층으로 올라갈수록 수익률이 더 잘 나온다.

수익률이 높게 나오면 좋다. 하지만 수익률이 높다고 무조건 좋은 상가는 아니다. 수익률이 다소 낮아도 공실이 될 가능성이 매우 적어 관리가 편하거나 투자 수익률이 더 좋을 수도 있기 때문이다.

보통 임대 수익률과 투자 수익률을 합해 5% 정도로 잡는다. 일명 '5%의 법칙'이라고 하는데 (예를 들어) 임대 수익률이 3%라면 투자 수익률은 2%라고 본다. 재개발 지역의 상가 수익률이 2%라고 하면

'상가 수익률이 겨우 2%야?'라며 무시할 수 있지만 5%의 법칙에 따르면 3%의 투자 가치가 숨어 있기 때문에 매력적인 투자라고 할 수 있다. 보통 소형 아파트의 임대 수익률이 1~2% 정도 되는데 이는 투자 수익이 3~4%로 높다는 의미이기도 하다. 임대 수익률이 4%라고 하면 투자 수익률은 1% 정도가 된다.

예전에는 '7%의 법칙'이라고 했는데 저금리 시대에 임대 수익률이 낮아지면서 지금은 '5%의 법칙'이라고 한다.

아파트는 투자 가치가 높게 반영되고, 상가는 임대 수익 가치가 높게 반영된 부동산이라고 이해하자.

[5%의 법칙]

임대 수익률+투자 수익률=5%

수익률이 3% 정도인 서울보다 5% 이상 나오는 지방이 더 좋다고 할 수 있지만 서울은 인구밀도가 높아서 지방보다 공실 가능성이 낮고 공실이 발생해도 다른 임차인을 빨리 구할 수 있다. 또한, 지가나 임대료 상승으로 인한 매매 가치의 상승 가능성도 높아서 낮은 수익률인데도 여전히 인기가 높다.

안정성

수익률만 높다고 좋은 상가는 아니다. 현재 수익률이 높다고 해도 갑자기 공실이 되어 월세가 들어오지 않거나 임차인이 월세를 낮춰달라고 하면 손실이 발생한다. 특히 월세가 높게 나온다고 해서 주변보다 비싸게 샀는데 월세가 떨어지거나 기존 임차인이 나가면 낭패가 아닐 수 없다. 이런 경우는 신도시 분양 상가에서 많이 발생한다. 월세가 ○○○만 원 이상 나온다는 분양 관계자의 말만 믿고 투자했다가 임대료가 하락하면서 고생하는 상가 투자자가 한둘이 아니다.

상가의 가치는 임대 수익률이 절대적이기 때문에 임대료 하락은 곧 매매 가치 하락을 의미한다. 임대료 하락은 최악의 상황인 것이다. 그러므로 지나치게 높은 수익률만 고집하거나 월세를 높게 받으려고 하기보다 꾸준히 안정적으로 받는 것이 중요하다. 실제로도 그런 상가가 좋은 상가다.

환금성

상가는 아파트보다 환금성이 낮다. 환금성은 물건을 현금화할 때 걸리는 기간을 말한다. '환금성이 좋다'는 단기간에 빨리 팔 수 있다는 의미이고, '환금성이 좋지 않다'는 잘 팔리지 않는다는 의미다.

아파트도 부동산 시장의 분위기에 따라 잘 팔리지 않기도 하지만 그래도 수요층이 두터워서 가격을 조금만 조정하면 금방 팔린다. 반면 상가는 아파트보다 수요층이 두텁지 않고 물건마다 개별성이 강해 부동산 시장의 분위기에는 크게 영향을 받지 않는다. 오히려 수익률, 공실률, 건물 상태, 임차 업종 등에 영향을 받는다. 시장 분위기가 좋아도 경쟁력 없는 상가는 팔리지 않으며 시장 분위기가 나빠도 경쟁력 있는 상가는 잘 팔린다. 상가는 아파트보다 매매에 시간이 오래 걸리므로 매도할 계획이라면 시간 여유를 충분히 둔다.

미래 가치

아파트는 부동산 시장의 분위기에 따라 가격 변동 폭이 크지만 상가는 임대 수익과 공실에 문제가 없다면 가격이 크게 움직이지 않는다. 상가 가격이 올라가려면 월세가 올라야 하는데 내수 경기 침체가 지속되어 자영업자들이 어려워지는 요즘에는 월세 올리는 것이 예전처럼 쉽지 않다. 그렇다면 상가 가치를 올릴 방법은 없는 것일까?

미래 가치가 있는 상가라면 충분히 가치 상승을 기대할 수 있다. 상가의 미래 가치는 상권의 성장이나 변화로 인해 상가 매출을 일으키는 배후 수요가 증가하는 것을 말한다. 배후 수요가 증가하면 임차인의 매출이 늘고 자연스럽게 임대료가 상승할 수 있어서 상가의 가치 상승으로 이어질 수 있다. 장사가 잘 되는데 월세 인상을 거부할 임차인은 많지 않다.

*　*　*

이렇게 수익성, 안정성, 환금성, 미래 가치 등 상가 투자의 4가지 요소가 상가의 가치를 결정한다. 안정적으로 꾸준하게 수익률이 잘 나오고 팔고 싶을 때 잘 팔 수 있으며 동시에 가치 상승까지 가능한 좋은 상가를 찾기 위한 긴 여정의 첫걸음을 내딛어 보자.

임대 수익률이 중요하다

임대 수익률은 상가 투자의 중요한 기준이다.
수익률이 높으면 좋지만 그렇다고 수익률만 무조건 좋지 않는다.

임대 수익률은 투자 금액 대비 (투자자가 받는) 임대료가 차지하는 비율을 말한다. '수익률이 높다'는 임대료가 높거나 투자 금액이 낮다는 의미다. 투자자 입장에서는 수익률이 높은 것이 좋지만 투자하려는 상가가 시장에서 형성된 수익률 수준보다 터무니없이 높거나 낮다면 다 이유가 있다. 임대료가 특별히 높은 업종이 입점했거나 매매 가격이 낮기 때문인데 그 이유가 무엇인지 반드시 확인할 필요가 있다.

수익률은 물가 상승률과 대출을 고려하지 않고 투자 금액 대비 임대료 비율을 나타내는 명목 수익률, 물가 상승률을 감안한 실질 수익률, 대출을 고려한 순수익률로 구분할 수 있다.

명목 수익률

명목 수익률은 우리가 흔히 말하는 임대 수익률이다. 다음 계산식에서 보듯이 투자 금액 대비 임대료 비율을 계산한 것으로 물가 상승률과 대출 금액에 따라 편차가 생기지 않아서 상가 수익률을 객관적으로 비교 분석할 때 적합하고 보편적이다.

$$명목\ 수익률\ =\ \frac{연\ 임대료(월\ 임대료\times12)}{투자\ 금액(매매가\ 또는\ 분양가-보증금)}\times100$$

예를 들어, 매매가 10억 원, 보증금 1억 원, 월세 300만 원인 상가의 명목 수익률은 4%이다.

실질 수익률

물가 상승률을 감안한 수익률을 실질 수익률이라고 한다. 1995년부터 2015년까지 20년간 평균 물가 상승률이 3% 정도였고 물가 상승률도 3%를 넘지 않으므로 3% 정도로 추정해서 계산하면 됐는데 최근 들어 저금리의 영향으로 2% 정도를 적용하는 것이 무난하다.

실질 수익률=명목 수익률-물가 상승률

앞에서 매매가 10억 원, 보증금 1억 원, 월세 300만 원인 상가의 명목 수익률은 4%라고 했다. 여기에 물가 상승률 2%를 적용하면 실질 수익률은 2%가 된다. 너무 낮다고 생각할 수 있겠지만 (2021 년 7월 기준) 1% 정도인 시중 은행 예금 금리에 물가 상승률을 적용 해보자. 실질 예금 금리가 - 1% 정도가 되는 것을 보면 생각이 달 라질 것이다.

순수익률

투자자들 대부분은 100% 자기 자본으로 투자하는 것이 쉽 지 않아서 대출을 활용한다. 그래서 대출금과 대출 이자를 포함해 순투자 금액 대비 임대료 비율을 계산하는데 이것을 순수익률이라 고 한다.

$$순수익률 = \frac{순임대료(연\ 임대료 - 연\ 이자)}{순투자\ 금액(매매가\ 또는\ 분양가 - 보증금 - 대출금)} \times 100$$

실제 대출을 포함한 순투자 금액 대비 수익률을 계산할 수 있어 서 실질적인 투자 금액에 맞는 수익률을 알려고 할 때 도움이 되지 만 대출을 얼마나 받고 대출 금리가 얼마나 적용되어 대출 이자가 얼마 나오는지에 따라 수익률이 높아지거나 낮아질 수도 있어서 상 가 수익률을 비교 분석할 때는 적합하지 않다. 대출을 고려한 순수 익률은 대출이 많아질수록 수익률이 높아져서 수익률 착시 현상이 생길 수 있으니 주의가 필요하다. 분양 현장에서 수익률이 높아 보 이게 하려고 자주 사용하는데 자칫 순수익률을 명목 수익률로 착각 해서 수익률이 높다고 잘못된 판단을 할 수 있기 때문이다.

수익률, 따져보자

매매가 10억 원짜리 상가를 보증금 1억 원, 월 300만 원으로 임대를 했다. 연 임대료가 3,600만 원이니 명목 수익률은 4%가 된다[3,600만 원÷(10억 원 - 1억 원)×100].

구분	수익률
매매가	10억 원
보증금	1억 원
임대료	300만 원
(연 임대료)	(3,600만 원)
명목 수익률	4%

① 대출 활용 대출 금리 3%로 5억 원을 대출받는다고 해보자. 매매 금액에서 보증금과 대출금을 뺀 투자 금액은 4억 원(10억 원 - 1억 원 - 5억 원)이다. 그리고 연 임대료에서 연 대출 이자 1,500만 원(5억 원×3%)을 뺀 순임대료는 2,100만 원(3,600만 원 - 1,500만 원)이며 순수익률은 5.25%가 된다[(3,600만 원 - 1,500만 원)÷(10억 원 - 1억 원 - 5억 원)×100].

대출을 활용한 결과, 명목 수익률(4%)보다 수익률이 1.25%p 더 높아졌다. 이처럼 대출을 잘 활용하면 순수익률이 높아지므로 좋다. 하지만 대출 금리가 올라갈 경우 오히려 명목 수익률 대비 마이너스가 발생할 수도 있으므로 대출을 받으려면 대출 금리를 잘 따져 보고 판단해야 한다.

② 월세 인상 월세를 올려 받으면 수익률은 어떻게 될까? 영업이 잘

되는 것을 확인한 후, 임대료를 월 300만 원에서 월 400만 원으로 올려 받았다(대출은 받지 않았다). 연 임대료가 3,600만 원에서 4,800만 원으로 껑충 올라가면서 명목 수익률 역시 (약) 5.3%로 크게 올라갔다[4,800만 원÷(10억 원 - 1억 원)×100]. 대출을 받지 않아도 대출을 받았을 때의 순수익률 수준으로 명목 수익률이 높아지는 것을 알 수 있다.

월세를 올려 받으면서 대출 5억 원을 받으면 순수익률은 8.25%나 된다[(4,800만 원 - 1,500만 원)÷(10억 원 - 1억 원 - 5억 원)×100].

굳이 대출을 받지 않고 월세만 올려 받아도 수익률은 (약) 5.3%가 된다. 요즘은 수익률 4%만 되어도 잘 나온다고 할 수 있는 만큼, 수익률 4%를 기준으로 환산하면 13억 원 정도로 매매가 가능해진다. 월세 인상으로 인해 상가 가치까지 올라갈 수 있음을 알 수 있다.

[수익률 4%의 환산 가치]
4,800만 원(연 임대료)÷4%(수익률)+1억 원(보증금)
=13억 원

이렇듯 임대료 인상은 상가의 가치 상승에 매우 중요하다. 상가 수익률은 상권, 점포 입지, 임차 업종 등에 따라 차이가 있지만 서울의 경우 3~4% 정도이고 서울에서 멀어질수록 수익률은 올라간다. 요즘은 서울에서 수익률 5%가 넘는 상가를 찾는 것이 어렵다. 수익

률 5%는 하늘의 별 따기지만 경기 외곽이나 지방으로 가면 가능할
수 있다.

수익률의 함정

높은 수익률만 좇다가 수익률의 함정에 빠질 수 있다.
세상에 공짜는 없다.

수익률이 높다면 임대료(월세)를 더 많이 받는다는 것 외에도 상
가의 가치 상승까지 기대할 수 있으니 당연히 좋은 일이다. 그렇다
고 수익률만이 상가 투자의 모든 것이 될 수는 없다. 오히려 높은
수익률만 고집하다가 자칫 수익률의 함정에 빠져 투자 실패를 맛볼
수도 있다.

보통 임대료가 올라가면 수익률이 올라가는데 투자 금액이 낮아
져도 수익률이 올라갈 수 있다.

$$수익률 \uparrow \ = \ \frac{연\ 임대료(월\ 임대료 \times 12) \uparrow}{투자\ 금액(매매가 - 보증금) \downarrow} \times 100$$

높은 수익률을 기대하는 투자자들의 심리를 이용해서 임대료를

인위적으로 높이거나 대출을 유도해 투자 금액이 낮아지게 만들어서 수익률을 올리는 함정을 만드는 경우가 많으므로 주의가 필요하다.

임대료를 높이는 방법에는 여러 가지가 있다. 그중에서 임대료를 인위적으로 시세보다 높게 책정하는 것을 도시 인프라가 완성되지 않은 신도시의 분양 상가에서 자주 접할 수 있다. 공사 중이거나 아직 공사가 시작되지 않은 신도시 내 분양 상가는 주변 인프라가 형성되어 있지 않았기 때문에 상권 분석이나 주변 시세를 확인하기가 어렵다. 그래서 월세가 어느 정도여야 하는지 검증하기 힘들다. 대부분 상가 분양가를 기준으로 잘되는 상가의 수익률을 적용해 임대료를 산정한다.

예를 들어, 신도시 상가의 분양가가 5억 원이라면 수익률 5% 정도를 적용해 보증금 5,000만 원에 월 임대료로 190만 원 정도가 책정된다. "왜 월세가 190만 원인가요?"라고 물으면 분양 담당자는 상권이 완성되면 수익률 5%는 나올 수 있다며 실제로 수익률 5%가 나오는 인근 상권의 상가 자료를 보여준다. 가끔 실제 계약된 임대차 계약서를 보여주기도 한다. 임대차 계약이 되었다고 하면 (특히 초보 투자자는) 더 이상 의심을 하기 힘들어진다.

처음에는 월세가 잘 들어와도 몇 년 후에는 월세를 낮춰 달라는 요구를 분명 듣게 된다. 실제로 이런 상황에 직면해 마음고생 하는 사람이 주변에 꽤 있다. "월세를 낮춰주지 않으면 되지 않나?"라고 반문할 수 있지만 장사가 힘들고 도저히 감당이 안 되는 바람에 어렵게 임차인이 부탁하는 상황이므로 월세 인하 요구를 단칼에 거부하기 힘들어진다. 거부했다가는 임차인은 폐업을 하거나 계약 연장을 하지 않을 것이다. 사실 임차인도 피해자다. 얼마 정도 월세가 적정한지 검증이 어려운 상황에서 분양 가격에 이상적인 수익률을 적용한 임대료만 믿고 장사를 했다가 힘들어졌기 때문이다.

이렇게 시세보다 높은 임대료가 책정되는 이유는 주변 시세를 검증하기 어렵다는 현실을 이용해 (분양업자 등이) 높은 분양가와 높은 수익률을 적용했기 때문이다.

보통 신도시 상가의 분양가는 토지 가격, 건축 비용 외 개발 이익과 마케팅 비용까지 포함되면서 높게 책정된다. 수익률 역시 장사가 잘되는 경우를 적용하기 때문에 적정 수준보다 임대료가 높게 책정된다. 결과적으로 특별히 장사가 잘되는 경우가 아니라면 높은 임대료 때문에 임차인은 아무리 열심히 해도 버티지 못하고 임대인 역시 높은 가격으로 분양받았기 때문에 임차인의 요구에 쉽게 월세를 낮추기도 어렵게 된다. 임대인과 임차인 모두 피해자가 되는 셈이다.

신도시에서 약국을 했던 약사를 만난 적이 있었다. 자영업 중에서 돈을 잘 번다는 약국도 신도시의 높은 임대료 앞에서는 감당하기가 어려웠다고 한다. 용인 동백지구의 상가를 5억 원에 분양받은 한 투자자의 하소연을 들은 적도 있었다. 처음에는 230만 원 정도의 월세가 들어오자 투자를 잘했다고 생각했는데 시간이 지날수록 월세가 낮아져 나중에는 150만 원도 받기 어렵다는 것이 아닌가. 월세가 150만 원으로 떨어지면 5억 원이던 상가는 4억 원에도 팔기 어려워진다. 이렇게 임대료가 낮아지면 수익률이 낮아지고 낮아진 수익률만큼 상가 가치가 떨어진다. 그래서 높은 수익률보다 안정적이고 지속 가능한 임대 수익률이 더 중요하다.

적정 시세를 검증하기 어려운 분양 상가는 입점한 지 2년이 지나면 임대료가 하락하는 경우가 다반사이기 때문에 분양 관계자가 제시하는 수익률을 유지할 수 있는 유효 수요가 뒷받침이 되는지 꼼꼼한 분석이 필요하다.

임대료를 높게 받을 수 있는 업종을 입점시키면 된다는 말도 듣는다. 다른 업종보다 높은 임대료를 내는 은행, 약국, 노래방, 유흥업소 등을 입점시키면 가능할 수도 있다. 하지만 해당 업종이 빠진 후에는 동일한 수준의 높은 임대료를 낼 임차인을 구하기가 쉽지 않고 자연스럽게 공실 기간이 길어질 가능성이 높다. 결국 임대료가 낮은 업종을 입점시키게 되면서 수익률도 하락하고 상가 가치도 떨어진다. 당연히 손실은 커지게 된다.

예전에는 월세를 많이 내는 은행이 있으면 좋은 효자 상가로 평가받았지만 지금은 반대가 되었다. 경기 둔화와 인터넷 시대의 영향으로 은행 통·폐합이나 지점 폐쇄 등 구조조정이 뒤따르면서 계약 연장을 하지 않는 경우가 많기 때문이다. 주변 시세보다 높은 임대료를 내던 안정적인 효자 임차인인 은행이 빠져 나가면 수익률 하락은 불가피하다. 낮아진 수익률만큼 매매가가 하락하면서 마음고생을 하는 임대인이 요즘 많다. 최근에 은행이 입점해 있는 상가를 갖고 있는 한 대학 교수를 만났다. 임대차 계약이 1년 남았는데 연장되지 않을 것 같아 전전긍긍하고 있었다.

투자 금액을 줄이는 방법으로 수익률을 높일 수도 있다. 길거리에서 '수익률 10%'라는 광고를 자주 보게 된다. 일반적으로 상가의 임대 수익률이 3~4% 정도이고 예금 금리가 1% 내외인 것을 감안하면 '수익률 10%'는 엄청난 것이다. 어떻게 가능할까?

임대료가 이렇게 많이 나오면 좋겠지만 대부분 대출을 이용하거나 보증금을 높이는 것이다. 임대 수익률을 계산할 때 분모를 차지하는 투자 금액을 줄여서 높이기도 한다. 대출금을 포함해 수익률을 계산하는 순수익률을 적용했을 때 대출금을 올리면 투자 금액이 줄어들면서 수익률은 올라가게 된다. 여기에 대출 이자를 빼거나 낮은 금리를 적용해 수익률을 더 올리는 경우도 있다. 예를 들어, 매매가는 10억 원이고 보증금 5,000만 원, 월 임대료 300만 원인 상가의 명목 수익률은 (약) 3.8%다. 하지만 대출을 5억 원 받으면서 낮은 대출 금리를 적용하면 임대 수익률을 5.8%까지 올릴 수 있다.

수익률이 높으면 당연히 좋지만 시장에 형성된 적정 수준 이상의 높은 수익률은 오히려 투자자가 함정에 빠질 가능성이 있으므로 주의가 필요하다. 지나치게 높은 수익률만 고집하지 말고 일반적이면서 합리적인 수익률이 2년, 4년 꾸준하게 이어지도록 하는 것이 더 중요하다. 임대 시장에 형성된 일반적인 수익률은 3~4%인데 무조건 5% 이상의 수익률을 올리는 상가에 투자하고 싶다는 사람이 지금도 많다. 이런 사람들은 자칫 높은 수익률의 함정에 빠져 사기를

당할 가능성이 매우 높다.

여기 오랫동안 공실인 상가가 하나 있다. 그 상가를 팔겠다고 하면 어떻게 할까? 우선 이 상가에 아는 사람을 임차인으로 입주시키는데 임대료를 몇 달 동안 높게 내도록 한다(해당 임차인도 이미 모든 것을 알고 있을 것이다). 그다음에 수익률이 높다고 강조해서 파는 것이다. 매매가 완료되고 얼마 지나지 않아 임차인은 빼겠다고 새 주인에게 연락한다. 이후 새로운 임차인이 잘 구해지지 않으면서 다시 공실이 되고 손실은 커진다. 일시적으로 임대료를 높게 해서 높은 수익률만 좇는 투자자를 착각하게 만든 것이다.

세상에 공짜는 없다. 상식을 벗어난 높은 수익률의 함정은 주의해야 한다.

공실 관리도
기술이다

공실은 상가가 임차인을 구하지 못해 비워져 있는 것을 말한다.
공실 기간 동안에는 임대 수익이 나오지 않기 때문에 임대료 하락보다 더 위험하다.

공실이 발생하면 월세를 받을 수 없으므로 수익형 부동산인 상
가에는 치명적이다. 공실이 발생하면 먼저 공실 원인부터 파악해야
한다.

임차인이 상가 주인인 임대인과 사이가 좋지 않거나 타당한 이유
로 현 임차인과 계약 연장을 하지 않아 일시적으로 공실이 발생했
다면 다른 임차인을 빨리 구하면 된다. 하지만 높은 임대료를 내던
임차인이 도저히 버틸 수 없어서 폐업하거나 월세 인하 요구가 받
아들여지지 않아 나가는 바람에 공실이 발생했다면 상가 주인인 임
대인은 머리가 아파진다.

월세를 낮춰 달라는 임차인의 능력이 부족해 장사가 안 된 것이
라면 다른 임차인을 구하면 된다. 하지만 현재 임대료가 높게 되어

있어서 다른 임차인이 들어와도 맞추기 어려워 보이면 현 임차인의 월세 인하 요구를 받아주는 것이 좋다. 현 임차인이 나가고 새로운 임차인을 구하는 기간 동안 공실로 인해 월세를 받지 못할 수 있고 원상복구를 하면서 문제가 발생할 수도 있다. 중개보수 등의 추가적인 지출이 발생하기도 한다.

주변 시세보다 높은 임대료를 내던 임차인이 계약 연장을 하지 않는 것이 최악의 경우다. 주변 시세보다 높은 월세를 내고 있었다면 현재 받는 수준만큼의 월세를 내는 새로운 임차인을 구하는 것은 어렵고 자칫 공실 기간이 길어지면서 임대 수익을 올리지 못해 손실이 발생한다. 주변 시세에 맞춘 월세로 다른 임차인을 구하자니 임대료 하락에 따른 수익률 하락으로 상가 가치까지 떨어질 수 있기 때문에 상가 주인 입장에서는 진퇴양난이다.

이런 경우에는 예전 임대료 수준으로 빨리 매매를 추진해보거나 가치 하락을 각오하고 새로운 임차인을 빨리 구해야 한다. 어설프게 이러지도 저러지도 못하면서 예전에 받던 월세 수준을 고집하면 길어지는 공실 기간만큼 손실만 더 커진다.

공실률(空室率)은 다음과 같이 여러 상가 점포 중 비어 있는 상가 점포의 비율이 얼마나 되는지를 나타내는 비율이다.

$$공실률 = \frac{공실\ 점포\ 수}{전체\ 점포\ 수} \times 100$$

점포가 10개인 근생빌딩의 공실률이 20%라면 빈 점포가 2개라는 의미다. 예전에는 다른 업종보다 임대료를 높게 받을 수 있는 은행, 증권사, 프랜차이즈 등이 있으면 좋은 상가로 인정받았지만 요즘은 갑자기 나가면 임대료 하락이 불가피하다고 보기 때문에 '높은 수익률이 최고다'라는 공식이 깨지고 있다. 여러 상가 점포로 구성된 근생빌딩의 경우에 공실이 없으면 좋겠지만 현실적으로 10% 정도의 공실은 감안해 수익률을 계산하는 것이 좋다.

공실을 예방하라

공실이 되면 월세를 못 받는 금전적인 손실 외에도 새 임차인을 구해야 하는 심리적인 부담이 발생하므로 공실이 생기기 전에 예방해야 한다.

임대료를 받는 임대인과 임차료를 내는 임차인은 공존의 관계라는 생각부터 해야 한다. 그리고 임차인이 잘되어야 월세도 잘 내고 결과적으로 공실도 생기지 않으므로 임차인의 영업이 잘되도록 최대한 지원하는 것이 중요하다.

상가 임대료는 가급적 주변 시세와 비슷하게 맞춘다. 상가 주인 입장에서는 당연히 높은 월세를 받고 싶겠지만 임차인 입장에서는 장사가 잘되는 것과 상관없이 고정적으로 나가는 월세가 매우 부담스럽다. 임대료의 균형이 깨지면 임대인과 임차인 중 어느 한쪽은 피해를 보기 때문에 분쟁을 줄이기 위해서는 해당 상권에 형성된 시세 수준에 맞춰서 월세를 받는다. 과도한 월세 인상은 임차인의 계약 연장을 이끌어 내지 못해 공실의 빌미를 제공할 수 있다. 단,

주변 시세보다 낮다면 영업 상황에 따라 계약 갱신 시점에 임대료 인상 요구를 하는 것은 나쁘지 않다.

임차인이 정말 열심히 노력해서 장사가 잘되는 것인데 그 점을 간과하고 무조건 임대료를 올리는 것은 바람직하지 않다. 판교테크노밸리의 한 상가를 분양받은 A는 주변 시세보다 높은 270만 원의 월세를 받고 있었다. 임차인의 식당이 유명한 덕분이었다. A는 2년 전 계약 갱신을 할 때 월세를 20만 원 더 올렸는데도 다시 계약 갱신 시점이 되자 30만 원 인상을 요구했다. 임차인은 더 이상은 아니라고 판단했는지 계약 연장을 하지 않겠다고 통보했다. 입지보다는 자신의 노력과 솜씨 때문에 장사가 잘되었다고 판단한 임차인은 임대료가 좀 더 저렴한 상가로 들어갔다.

주변 시세가 잘해봐야 월 250만 원 정도였고 상가건물 안쪽이라 입지가 그리 좋지 않았기 때문에 A는 새 임차인에게 월 250만 원 이상 받기 힘들 것이다. 결과적으로 과도한 욕심 때문에 월 20만 원을 손실 본 것이다.

임차인이 하자 수리 요구를 하면 빨리 대응해주는 것이 좋다. 모든 시설물은 하자가 발생할 수 있으며 임차인이 임대인에게 하자 수리를 요구하는 것은 당연하다. 사실 하자 수리를 해달라는 연락을 받으면 귀찮기도 하고 짜증도 난다. 기분이 좋은 임대인은 없을 것이다. 하지만 가장 귀찮고 짜증나는 사람은 하자로 인해 장사에 어려움을 겪는 임차인이다.

마음이 급한 임차인의 하자 수리 요구를 상가 주인인 임대인이 빨리 대응해주지 않거나 무대응으로 무시할 경우 임차인은 계약 만기가 되면 바로 다른 곳으로 가겠다고 마음을 먹는다. 사람의 마음은 사소한 일에 기분 상하고 섭섭함을 느낀다.

하자 수리 요청이 접수되면 조금 귀찮더라도 최대한 빨리 신속하게 대응해주자. 어차피 내 상가이고 언젠가는 해줘야 할 일이므로 뜸 들일 이유는 없다.

사용자(임차인) 고의 과실에 따른 파손이 명백하다면 임차인과 함께 확인한 후, 수리비를 청구한다. 그런데 하자 원인이 불분명하다면 상가 주인인 임대인이 해주거나 임대인과 임차인이 반씩 부담하는 것이 합리적이다.

최근 경기 침체와 코로나가 맞물리면서 매출이 떨어지자 임대료 인하를 요구하는 사례가 늘고 있다. 자발적으로 임대료를 감면해주는 착한 임대인도 있지만 다수의 임대인은 대출 이자 부담에 곤혹스러워하고 있다.

2020년 9월 24일에 상가 임대차 보호법이 개정되면서 임차인의 차임 증감 청구권의 요건에 '제1급 감염병 등에 의한 경제 사정의 변동'이 추가됐다. 어려워진 환경으로 인해 임대료 인하 요구를 받게 되면 6개월 정도 한시적으로 인하를 해주는 것이 좋다. 이때 간단한 문서나 문자로 근거를 남겨둔다.

상가의 가치는
어떻게 평가하나?

상가의 가치를 평가하는 방법에는 수익환원법과 원가법이 있다.
물론 현장 조사가 뒤따라야 한다.

아파트는 이미 형성된 주변 시세와 입지, 입주 연도, 세대수, 브랜드 등이 연동되면서 매매가가 거의 정해진다고 할 수 있다. 하지만 상가는 같은 부동산이라도 시세가 전혀 다르게 결정되는 특이점이 있다.

구분 등기가 된 상가는 주로 임대 수익에 따라 적정한 가격이 형성되며 상가의 입지, 층, 건물 상태, 전용 면적, 대지 지분, 건축 연도 등에 따라 차이가 날 수 있다. 반면 상가주택이나 근생빌딩 등 통으로 임대하는 상가건물은 임대 수익뿐만 아니라 대지 가격과 건물 가격으로도 평가한다. 재건축, 재개발 대상 상가는 진행 상황에 따라 대지 지분, 공시지가, 층, 전용 면적, 임대료 등을 종합적으로 고려해서 판단해야 한다.

아파트는 인터넷만 확인해도 오차 범위 10% 이내 수준에서 시세 확인이 가능하다. 하지만 여러 조건에 따라 차이가 있고 개별성이 강한 상가는 반드시 현장 조사를 해야만 정확한 가치를 확인할 수 있다.

임장이라고도 하는 현장 조사는 시간과 노력, 돈이 투입되는 일이므로 사전에 준비를 하면 그만큼 좋은 판단을 할 수 있다. 이론적으로 평가하는 방법인 수익환원법과 원가법이 그 사전 준비라고 할 수 있다. 이런 이론적인 평가방법의 정확도는 70~80% 정도가 된다.

수익환원법

수익환원법은 임대 수익률의 계산법을 활용해 연 임대료를 (적정) 수익률로 나눈 다음, 보증금을 더해서 가격을 산출하는 방법이다.

$$\text{평가 가치} = \frac{\text{연 임대료(월 임대료} \times 12) \times 100}{\text{수익률}} + \text{보증금}$$

예를 들어, 보증금 1억 원, 월세 900만 원인 상가주택의 적정 가치는 얼마일까?

우선 해당 상권의 평균 수익률을 파악해야 한다. 서울의 경우 지역과 위치에 따라 편차는 있겠지만 일반적으로 1층 상가나 상가주택, 근생빌딩은 2~3%, 고층(2층 이상) 상가는 3~4% 정도 생각하면 무난하다. 그러면 연 임대료 1억 800만 원에 수익률 3%를 나눈 후(연 임대료에 '×100'을 하고 3으로 나누거나 0.03으로 나눔), 보증금 1억 원을 더하면 37억 원으로 평가된다. 강남 등 인기 상권이라면 매매가가 더 올라가면서 수익률이 낮아질 수 있다. 이런 수익환원 법은 대지가 큰 상가주택이나 근생빌딩이 아닌 구분 등기가 된 상가를 평가할 때 적합하다.

상가는 임대 수익이 목적인 수익형 부동산으로 재건축, 재개발 지역 상가가 아니면 대지 지분은 크게 중요하지 않다. 간혹 수익률은 낮지만 대지 지분이 많은 상가에 투자하고 싶다며 문의하는 사람이 있다. 번지수를 잘못 찾은 것이다.

상가의 우선순위는 수익률이다. 수익률이 낮다면 투자 가치라도 있어야 하는데 투자 가치도 낮고 수익률도 낮다면 최악이다. 앞에서 설명한 '5%의 법칙'을 다시 떠올려 보자. 재건축이나 재개발 지역의 상가라면 대지 지분이 중요하지만 일반적인 상가라면 대지 지분에는 큰 의미를 두지 말아야 한다. 대지 지분이 크다는 것은 해당 상가가 보유한 토지가 많다는 말인데 토지, 즉 내재 가치가 중요한 부동산으로는 재건축이나 재개발 가능성이 있는 아파트, 단독주택, 다세대빌라, 상가 또는 신축이 가능한 단독주택 등이 해당된다. 임대 수익이 목적인 상가에는 대지 지분의 내재 가치가 아닌 (임대 수익의) 수익성이 더 중요한 가치다.

임대 수익이 목적인 상가는 임대 수익률이 중요하기 때문에 수익률이 높을수록 매매가 잘 되고 반대로 수익률이 낮은 상가는 매매가 어려운 것이 사실이다. 하지만 앞에서 설명했듯이 수익률의 함정에 빠질 수도 있어서 일반 상가가 아닌 상가주택이나 상가건물은 토지와 건물가치로 평가하는 원가법도 같이 병행하여 분석해보는 것이 좋다.

🏠 원가법

원가법은 부동산 감정 평가방법 중 하나로 토지 가격과 건물의 잔존 가치를 합해 계산한다. 주로 대지 면적이 큰 상가주택이나 근생빌딩의 가치를 평가할 때 적합하다.

- 평가 가치＝토지 가격＋건물 가격
- 토지 가격＝대지 면적×면적당 토지 가격(주변 시세 또는 공시지가×반영 비율)
- 건물 가격＝연면적×면적당 건축비×감가수정

> 공시지가 반영 비율＝2~2.5배
> 감가수정＝1－사용 연수÷40년
> 1㎡당 건축비＝180~210만 원(3.3㎡당 건축비＝600~700만 원)

토지 가격은 대지 면적에 면적당 토지 가격을 곱하면 된다. 면적당 토지 가격은 현장 조사를 통해 확인한 시세나 인터넷에 나온 매물 정보를 참고해 주변 지역 토지의 대략적인 면적당 가격을 산정하면 된다. 그것이 어렵다면 공시지가의 2~2.5배 정도 범위 내에서 적당한 반영 비율을 곱해도 된다. 서울 등 도심지역의 경우 편차가 있어도 공시지가의 50~60% 정도를 반영하기 때문에 입지에 따라서 공시지가의 2배에서 2.5배 정도를 적용하면 대략적인 가격을 알 수 있다. 대지 면적과 공시지가는 토지이용계획을, 연면적은 건축물대장을 확인하면 된다.

건물 가격은 연면적에 면적당 건축비를 곱한 후, 감가수정을 반영하면 된다. 건축비는 대략 m^2당 180~210만 원(3.3m^2당 600~700만 원) 정도로 생각하면 된다. 주택보다는 상가건물의 건축비가 덜 들어가고 연면적이 크면 m^2당 가격이 낮아지므로 연면적 1,000m^2(약 300평)가 넘는 대형 건물은 m^2당 150만 원(3.3m^2당 500만 원) 정도, 그보다 작은 중소형 건물은 m^2당 180만 원(3.3m^2당 600만 원) 정도로 생각하면 무난하다. 주택이 포함된 상가주택은 m^2당 180만 원(3.3m^2당 600만 원) 정도로 계산하면 된다. 연면적은 건축물 대장을 참고한다.

감가수정의 '40년' 부분은 건물 상태에 따라서 적정하게 선택한다. 예를 들어, 대지 면적 200m^2(약 60평), 연면적 500m^2(약 150평), 공시지가 m^2당 900만 원(약 3.3m^2당 3,000만 원)인 20년 전에 지은 상가주택의 가치를 원가법으로 계산해보자.

토지 가격은 반영 비율 70%로 가정해 계산하면 36억 원[200m^2(대지 면적)×900만 원(공시지가)×2]으로 추정된다. 그리고 건물 가격은 건축비 180만 원(m^2당)으로 가정해 계산하면 4억 5,000만 원[500m^2(연면적)×180만 원(면적당 건축비)×(1-20년÷40년)]이 된다.

토지 가격과 건물 가격을 합하면 40억 5,000만 원으로 산정할 수 있다.

원가법은 임대 수익률을 반영하지 않고 토지 가격과 건물 가격으로만 평가하기 때문에 수익환원법과 병행해서 가치를 확인하는 것이 좋다.

[상가주택의 원가법과 수익환원법 ⑩]

구분	가격	계산법
원가법	40억 5,000만 원	토지: 36억 원(200㎡×900만 원×2) 건물: 4억 5,000만 원[500㎡×180만 원×(1~20년÷40년)]
수익환원법	37억 원	1억 800만 원(900만 원×12개월)×100÷3%(수익률)+1억 원(보증금)

비교적 넓은 대지를 확보하고 있는 상가주택이나 근생빌딩의 경우 수익환원법과 원가법 간의 가격 차이가 크지는 않지만 두 평가법의 산정 가격 차이가 크다면 그 원인을 분석하면서 타당성을 확인해야 한다.

하지만 대지 지분이 적은 구분 등기가 된 상가를 원가법으로 계산하면 정확도가 떨어질 수 있다. 일반 상가의 경우에는 수익환원법으로 계산하는 것이 정확도가 더 높다.

예를 들어, 보증금 5,000만 원, 월 임대료 400만 원, 대지 지분 20㎡(약 6평), 전용 면적 66㎡(약 20평), 분양 면적 132㎡(약 40평), 공시지가 ㎡당 900만 원(3.3㎡당 3,000만 원)인 신축 1층 상가의 가치를 평가해보자.

우선 수익환원법으로 계산해본다. 이번에는 3.5% 수익률 상가를 기준으로 한다. 연 임대료 4,800만 원에 수익률 3.5%를 나눈 후(연 임대료에 '×100'을 하고 3.5로 나누거나 0.035로 나눔), 보증금 5,000만 원을 더하면 14억 2,000만 원 정도로 평가된다.

그런데 원가법으로 계산하면 차이가 크게 벌어진다. 대지 지분 $20m^2$에 공시지가 900만 원(m^2당)을 적용한 다음, 공시지가 반영 비율을 곱하면(여기서는 2배로 함) 토지 가격은 3억 6,000만 원이 된다. 신축 상가이므로 감가상각은 없고 고급적으로 지었다고 가정해서 건축비를 m^2당 180만 원으로 잡아도 건물 가치는 2억 4,000만 원 정도가 된다. 토지와 건물 가치를 합하면 많이 잡아줘도 6억 원 정도밖에 되지 않는다.

[상가의 원가법과 수익환원법 ⑩]

구분	가격	계산법
원가법	약 6억 원	토지: 3억 6,000만 원(20㎡×900만 원×2) 건물: 약 2억 4,000만 원(132㎡×180만 원)
수익환원법	약 14억 2,000만 원	4,800만 원(400만 원×12개월)×100÷3.5%(수익률)+5,000만 원(보증금)

편차가 매우 크게 벌어지는데 대지 지분이 적은 상가 점포의 특성을 감안하면 구분 등기가 된 일반 상가는 수익환원법이 적합하며 상가주택이나 근생빌딩 등 통으로 임대하는 건물은 수익환원법과 원가법을 같이 활용한다. 이런 평가법은 이론적인 방법이고 정확도는 70~80% 정도로 본다. 그러므로 반드시 현장 조사를 통해 상권과 입지, 임차 업종, 주변 시세 등을 종합적으로 판단한다.

상권이란
무엇인가?

상가 투자에서 중요한 상권 분석은 광의의 상권을 먼저 분석한 다음,
협의의 상권을 분석하는 순으로 진행한다.

같은 부동산이라 해도 아파트와 상가는 전혀 다르다. 아파트는 입지, 세대수, 브랜드, 교통, 학군 등 여러 가지를 고려해야 하지만 상가는 상권만 제대로 알아도 절반은 성공한다고 본다. 그래서 아파트 투자를 잘하는 사람도 상가 투자는 어려워한다. 심지어 상가에 대해 잘 모르는 부동산 전문가나 공인중개사도 제법 많다.

상가 투자의 첫걸음은 상권을 아는 데서 시작된다. '상권(商圈, Trading Area)'은 특정 지역에 모여 있는 상가들이 물건과 서비스를 공급하면 이를 필요로 하는 소비자들이 유입되어 상가와 소비자 간의 유기적인 관계가 형성된 곳이다. 상가의 공급과 상가를 이용하는 수요가 맞물려야 상권이 형성되는데 상권이 좋다는 말은 필요한 상가들이 제대로 모여 있고 소비자가 많아 장사가 잘된다는 의미다.

상가 투자에서 가장 중요한 것이 '상권'이다. 좋지 않은 상권인데도 임차인의 노력과 노하우로 성공하는 경우가 있다. 하지만 정말 실력과 운이 따라줘야 하는 예외적인 경우다. 일반적인 상가 투자자에게는 상권이 가장 중요한 밑바탕이다.

아파트 투자 시 강남, 잠실, 목동, 분당 등 지역 선택이 중요한 것처럼 상가 투자 시에는 상권이 중요하다. 상권이 좋으면 당연히 임대료와 권리금이 비싸다. 투자자 입장에서는 무조건 좋은 상권만 고집할 수는 없다. 투자 자금에 맞는 합리적이고 안정적인 수익률을 꾸준히 확보할 수 있는 상권의 상가를 찾는 것이 상가 투자의 핵심이다. 이렇듯 상권 분석은 반드시 거쳐야 할 관문이자 필수다. 상권 분석만 잘하면 상가 투자의 실패 확률은 현저히 낮아진다.

상권은 넓은 의미의 '광의(廣義)의 상권'과 좁은 의미의 '협의(狹義)의 상권'으로 구분할 수 있다. '광의의 상권'은 상가들이 모여 있는 지역에 오는 소비자들의 지리 공간적 범위로 상권의 중심축에서 짧게는 반경 300미터 정도, 넓게는 1~2킬로미터까지 형성된다. 우리가 흔히 말하는 명동 상권, 강남 상권, 광화문 상권, 홍대 상권 등이 광의의 상권이다. 광의의 상권은 범위와 변화가 중요하다.

반면 '협의의 상권'은 넓은 지역이 아니라 개별 상가에 오는 소비자들의 지리 공간적인 범위로 상가 출입문에서 50~100미터 정도다. 코너 자리 상가, 4차선 도로가 접한 상가, 횡단보도 상가 등이 협의의 상권으로 유효 수요, 동선을 감안한 입지가 중요하다.

광의의 상권이 좋더라도 협의의 상권이 좋지 못하다면 투자 여부를 신중하게 고민해야 한다.

　다음 그림은 강남역 상권을 광의의 상권으로 본 것이다. 2호선 강남역을 중심으로 북쪽으로는 9호선 신논현역까지, 남쪽으로는 신분당선 강남역 출구까지 넓게 형성되어 있다.

[강남역의 '광의의 상권']

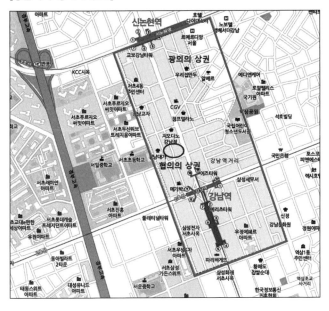

　강남역 상권은 강남의 거주자뿐만 아니라 서울, 경기, 인천의 거주자까지 유입되는 서울의 대표적인 상권이다. 강남역에 놀러 간다고 하면 강남역의 '광의의 상권'에 가는 것이다.

　강남대로에 접하는 대로변 빌딩의 가격은 3.3㎡당 10억 원이 넘는다. 상가 권리금은 기본이 수억 원이며 월 임대료는 수천만 원에서 억 단위다. 시장 원리로 보면 당연한 금액이다. 유입되는 수요가 많으니 장사는 잘될 수밖에 없고 매출이 올라가니 임대료도 점점 높아지고 매매가도 높아지는 것이다.

그런데 의문이 든다. 강남대로변 1층 매장 대부분은 의류점, 커피 전문점 등 소매 상권이다. 옷이나 커피를 얼마나 팔아야 억 단위의 월세를 낼 수 있을까? 계산기를 아무리 두들겨 봐도 답이 나오지 않는다.

강남역, 명동 등의 상권은 일반적인 광역 상권을 넘어 초특급 광역 상권이다. 너무 유명해서 강남역 상권에서 먹고 놀려는 사람이 넘쳐 나며 서울 외 경기, 인천의 거주자들도 찾는다. 거기다 서울의 다른 구나 경기, 인천으로 가는 광역버스를 타려는 사람들까지 가세해 북새통을 이룬다. 유동 인구가 이렇게 많다 보니 단순히 장사해서 영업 이익을 얻기 위한 목적보다는 광고 효과를 위해 대형 프랜차이즈가 강남대로변 그 비싼 상가를 임차해 장사하는 것이다. 이런 특수성을 무시하고 '강남이니까 무조건 장사가 잘되겠지'라는 생각에 상권 분석도 제대로 하지 않고 무리하게 들어가면 백전백패다. 물론 임대료가 엄청 비싸서 일반적인 상가 투자자나 상가 창업자들은 꿈도 꾸지 못하는 것이 현실이며 접근할 수 없는 지역이다.

하지만 강남역 상권이라 해도 좀 더 세밀하게 협의의 상권 개념으로 접근해보면 문제는 달라진다. 대로변 상가의 시세는 부르는 것이 값이고 일반 상가 투자자는 들어갈 수가 없지만 이면도로에 위치한 상가의 가격은 대로변과는 큰 차이가 난다.

다음 그림을 보자. 광의의 상권에서는 같은 강남역 상권이다. 하지만 '협의의 상권'으로 접근하면 ①과 ②는 다른 상권이 된다.

[강남역의 '협의의 상권']

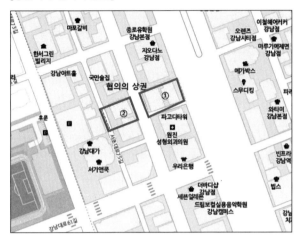

①은 강남대로변에 위치한 초특급 상권의 상가다. 일반적인 상가 투자자나 임차인들은 접근조차 불가하다. 반면 이면도로인 ②의 상권은 ①의 상권 정도로 부담스럽지는 않다. 이런 협의의 상권은 광의의 상권과 달리 상권의 범위보다는 유효 수요의 범위가 얼마나 되는지, 코너 자리인지, 4차선 이상 도로를 접하고 있는지, 횡단보도나 버스 정류장 유무 등 유효 수요의 동선 방향이 적합한지, 흐르는 자리인지 등에 대한 상권 분석의 노하우가 필요하다.

①과 ②의 상가 간의 가치와 임대료 시세는 5배 이상 차이가 난다. 이런 '상권 분석'은 상가 투자에서 매우 중요하다.

임대 수익과 처분 수익을 목적으로 하는 상가 투자자뿐만 아니라 장사를 통해 영업 이익을 얻는 상가 창업자, 상가 분양을 통해 개발 이익을 얻는 상가 개발자 등 모두에게 상권 분석은 상가 투자의 성패를 가르는 핵심 기술이다.

상권 분석의 순서는 광의의 상권을 먼저 분석하고 협의의 상권으로 들어와 입지 조건, 유동 인구의 흐름과 속도 등을 분석해 상가 투자의 타당성을 결정한다.

상권은 구매자 형성 원리, 행동 패턴, 이동 거리, 상권 유형에 따라 구분할 수 있는데 이런 상권 분류는 바로 다음에서, 상권 분석에 대한 노하우는 2장에서 상세히 설명하겠다.

상권은
다양하게 분류된다

상권의 특성을 분류별로 잘 파악하면 상권 분석에 도움이 된다.
상권은 형성 원리와 소비 패턴, 이동 거리 등으로 분류할 수 있다.

형성 원리에 따른 자연 상권과 계획 상권

상권의 형성 원리에 따라 자연 상권과 계획 상권으로 구분할 수 있다. '자연 상권'은 아주 오래전부터 자연 발생적으로 소비자들이 모인 상권이다. 명동, 남대문, 동대문, 홍대, 신촌, 건대의 상권 등이 모두 자연 상권이다. 이런 자연 상권은 역이나 시장, 대학교 등 전통적인 테마와 문화를 중심으로 사람이 모이면서 자연스럽게 상권이 형성되었다. 자연 상권은 다음과 같은 특징이 있다.

오래전부터 자연스럽게 형성이 되었기 때문에 도로가 협소하고 건물이 오래 되었다. 또한, 주차장이 대부분 없거나 비좁아서 이면 도로의 단독주택을 개조한 상가나 상가주택이 많다. 대지 지분이 적은 근생상가가 아니라 대지 면적이 비교적 넓은 단독주택이나 상가주택은 매매 가격이 높아서 임대 수익률은 낮지만 그래도 땅을 개발할 수 있다는 점 때문에 투자성이 좋은 경우가 많다.

필자가 대학생일 때만 해도 신촌 상권은 상권 중의 상권이었다. 하지만 지금은 홍대 상권 등에 크게 밀려 있다. 상가연합회 등에서 다시 상권의 영광을 찾으려고 노력하고 있지만 쉽게 살아나고 있지는 않다. 반면 홍대 상권은 20년 전만 해도 신촌 상권과 비교가 되지 않았지만 지금은 젊은이의 문화를 대변하는 지역으로 성장했다. 대로변은 3.3㎡당 1억 원이 훌쩍 넘고 골목길 안쪽도 3.3㎡당 8,000만 원이 넘는다. 권리금 역시 수천만 원에서 수억 원으로 형성되어 있다. 이처럼 홍대 상권이 급성장한 원인은 20~30대 주 소비층이 유입될 수 있는 테마와 문화를 만들었기 때문이다. 도시화의 삭막함이 느껴지는 강남, 전통을 잃어버리고 외국인들의 거리로 변한 명동과 달리 예술과 문화, 다채로운 색을 입힌 홍대 상권의 문화는 20~30대 젊은이들이 열광하기에 충분하다.

이렇듯 상권은 살아 움직이는 생물과 같아서 자연 상권의 변화 흐름이 중요한 투자 판단 기준이 된다. 활기를 잃어가는 상권이라면 특별한 자신만의 장사 노하우가 없는 한 피하는 것이 좋다.

'계획 상권'은 도시 계획에 의해 인위적으로 형성된 상권을 말한다. 강남, 판교신도시, 분당신도시, 일산신도시, 위례신도시, 마곡지구, 송도국제도시 등의 상권이 모두 계획 상권이다. "강남이 무슨 계획도시인가?"라고 반문할 수 있겠지만 강남도 계획도시다. 1970년대 4대문 내 과밀화가 사회 문제로 확대되자 영동 개발로 한강 이

남의 농사짓던 지역이 개발되었는데 그곳이 강남이다. '영동'이라는 말도 영등포의 동쪽이라는 의미였다. 당시 강남은 쓸모없던 땅으로 인식되었다. 처음 강남이 개발될 당시 4대문 안에 거주하던 사람들은 쳐다보지도 않았다. 하는 수 없이 당시 정부는 8학군 이전과 지하철 2호선 노선을 변경했고 그 결과, 강남으로 이주가 본격화되었다. 지금은 가고 싶어도 가기 어려운 곳이 강남인데 참 격세지감을 느낀다.

이런 계획 상권의 형성 요인은 계획 세대(아파트) 입주, 백화점 같은 대형 상업시설 개발, 지하철 등 교통 여건 개선 등이다. 자연 상권에서는 상권의 변화 흐름을 빨리 아는 것이 투자 판단의 중요한 기준이 된다고 했는데 계획 상권에서는 상권 형성 시점과 변화를 예측하는 것이 중요하다.

상권이 안정되는 성숙기로 접어드는 시기는 아파트 입주 기간에 따라 다르지만 짧게는 3년, 길게는 5년 이상이 걸린다. 그래서 상권이 안정되기 전까지는 매우 어려운 상황을 견뎌야 한다. 개발 초기에 투자한다면 토지이용계획과 상가 도면만을 보고 상가 투자의 적정성을 판단해야 하기 때문에 조금이라도 잘못된 판단을 하면 향후 당초 예상과는 전혀 다른 결과(손실)가 발생할 수 있다. 처음에는 멋진 상권이 형성될 것 같았는데 유동 인구를 찾아보기도 어려울 정도로 엉망인 상권이 되는 경우도 있다. 그래서 신도시의 상가 투자는 개발 후 적어도 4년 이상 지켜보다가 옥석을 가리면서 안정화된 상가를 잡는 것이 좋다.

계획 상권은 도시 계획에 따라 개발되기 때문에 도로가 반듯하고 넓으며 주차장시설이 자연 상권보다 잘 갖춰졌다는 특징을 갖고 있다. 대지가 넓고 상가주택이나 단독주택이 개조된 상가로 구성된 자연 상권과 달리 계획 상권은 대지 지분 형태이고 적은 대지 면적을 가진 구분 등기가 된 상가로 구성된 근생빌딩으로 주로 이뤄져 있다. 넓은 땅이 아닌 대지 지분 형태의 적은 땅을 갖고 있기 때문에 지가 상승이나 개발로 인한 투자 수익보다는 임대 수익이 주된 투자 목표가 된다.

소비 패턴에 따른 충동형 상권과 목적형 상권

길을 가다가 수입차 매장을 보고 '차나 한번 바꿔볼까?'라는 생각에 충동적으로 차를 사는 사람은 거의 없다. 길을 나서기 전에 이미 '차를 바꿀 때가 됐나?', '어떤 차가 좋을까?', '옵션은?' 등을 충분히 고민한 다음, 결심이 섰을 때 비로소 수입차 매장을 찾아간다. 목적을 갖고 찾아가는 것이다.

이렇듯 목적을 갖고 찾아오거나 찾아가는 업종을 '목적형 업종'이라 하고 목적형 업종이 모여 있는 상권을 '목적형 상권'이라고 한다. 이런 목적형 업종에는 자동차 대리점을 비롯해 가구점, 교외 모텔, 배달전문점, 공구가게 등이 있다.

반대로 길을 가다가 "커피나 마실까?", "저 옷 마음에 든다. 사야겠다!", "신발이나 보러 갈까?"처럼 목적이 있지는 않고 충동적으로 마음 가는 대로 행동하는 경우가 있다. 이렇게 소비자가 충동적으로 가는 업종을 '충동형 업종'이라 하고 충동형 업종이 모여 있는 상권을 '충동형 상권'이라고 한다.

그렇다면 목적형 상권이 좋은 상권일까? 충동형 상권이 좋은 상권일까? 당연히 충동형 상권이 좋은 상권이다.

충동형 상권은 지나가다가 랜덤(Random), 즉 무작위로 소비하게 만든다. 편의점이 있으면 담배를 사러 갔다가 생수도 사고 과자도 산다. 커피 마시러 갔다가 케이크도 사먹고 옷 사러 가다가 아이스크림도 사먹는다.

맥도날드, 롯데리아 등 패스트푸드점, GS25, 세븐일레븐, CU 등 편의점, 파리바게뜨, 뚜레쥬르 등 제과점, 스타벅스, 투썸플레이스, 이디야, 메가커피 등 커피전문점, 더페이스샵, 올리브영 등 화장품 매장, 유니클로 등 의류 매장, 나이키, 아디다스 등 스포츠용품 매장 등이 랜덤하게 소비하도록 만드는 대표적인 충동형 업종이다. 이런 충동형 업종이 있으면 어느 정도 유동 인구가 있는 괜찮은 상권이라고 생각하면 된다. 이런 업종으로 장사하는 자영업자나 프랜차이즈 영업팀이 상권 분석을 이미 했기 때문이다. 물론 상권이 좋으니 상가 임대료와 매매 가격이 높다.

충동형 업종이 모여 있는 충동형 상권은 유동 인구가 많아 좋은 상권이다. 대표적인 충동형 상권인 강남역이나 홍대에 가서 옷 하나만 딱 사서 집에 오는 사람이 얼마나 될까? 친구, 연인과 함께 돌아다니면서 옷도 사고 음식도 먹고 선물도 사면서 즐기고 소비하니 당연히 매출이 늘어나고 장사가 잘된다.

반면 목적형 상권에 가는 소비자는 구매 계획을 미리 세운 다음에 찾아가기 때문에 목적형 업종의 점포는 굳이 높은 임대료를 주면서 유동 인구가 많은 비싼 곳에 자리 잡을 필요가 없다. 자동차를 산다면서 미리 알아보지도 않고 길에 있는 아무 매장이나 들어가지 않는다. 또한, 친구 만나러 나왔다가 침대를 사러 가지 않을 것이다. 가구점, 자동차 대리점 등의 목적형 업종은 간판 효과에 좋으며 눈에 잘 띄어서 찾아오기 좋은 곳이면 된다.

전화로 주문을 받는 배달전문점이나 온라인으로 주문을 받아 택배로 발송하는 인터넷 쇼핑몰은 간판 효과나 유동 인구가 필요 없으니 시세가 저렴하면서 면적이 넓은 비인기 지역의 건물 지하층이나 2층 이상이어도 충분하다. 굳이 임대료가 비싸고 놀러 나온 충동형 수요가 많은 강남역 상권에 가구점, 피자 배달점, 인터넷 쇼핑몰을 열 필요는 없다. 이런 목적형 업종이 모여 있는 목적형 상권이라면 '상대적으로 좋은 상권은 아니구나', '3.3㎡당 임대료가 저렴하겠구나'라고 생각하면 된다.

맛과 분위기에 자신 있는 음식점 같은 매장을 운영할 수 있는 창업자라면 임대료가 비싼 충동형 상권보다 목적형 상권으로 가는 것이 나을 수도 있다.

하지만 어떤 업종이 들어와도 무난하게 장사가 되면서 크게 신경 쓰지 않고 안정적인 임대 수익을 내고 싶은 상가 투자자라면 가격이 높은 충동형 상권이 유리하다.

수요자의 이동 거리에 따른 광역 상권과 동네 상권

요즘 사람들은 움직이는 것, 특히 걸어 다니는 것을 너무 싫어한다. 동네 편의점에 갈 때도 차를 끌고 가는 사람이 많다. 이렇게 걷기 싫어하는 사람들이 멀리 이동한다면 그만큼의 이유와 명분이 있기 때문이다. 친구 모임이 있거나 애인을 만나러 갈 때 지하철 등을 타고 강남역, 홍대입구역, 광화문 등에 가도 담배 한 갑을 사러 강남역에 가는 사람은 없다.

이처럼 사람들, 즉 수요자들이 이동하면서까지 찾아오는 상권을 '광역 상권'이라고 한다. 강남역, 잠실, 종로, 광화문, 명동, 홍대입구역, 경리단길, 망리단길, 연남동, 건대입구역, 서촌, 북촌 등이 모두 광역 상권이다. 광역 상권의 유효 수요 범위는 매우 넓어서 10킬로미터 정도 된다. 넓게는 40킬로미터 이상 떨어진 곳에서도 찾아온다. 수원이나 안양에서 강남으로 놀러 가고 남양주에서 잠실로, 의정부에서 광화문으로 놀러 간다. 광역 상권에 적합한 업종은 커피 전문점, 화장품 매장, 휴대전화 대리점, 유명 음식점, 유명 신발 및 의류 매장 등이 있다. 유동 인구는 당연히 많고 장사는 잘되어 매매 가격과 임대료 역시 높게 형성되어 있다. 인기 광역 상권 내 상가의 경우 대로변은 3.3m^2당 억 단위가 넘는 경우가 많고 이면도로라도 3.3m^2당 8,000만 원 이상으로 형성되어 있다.

광역 상권과 반대 개념으로 볼 수 있는 '동네 상권'은 유효 수요의 범위가 매우 좁다. 보통 300미터를 넘지 않는데 넓어도 반경 1킬로미터 이내다. 담배를 살 때 가까운 편의점을 두고 차를 끌고 멀리 가지는 않는다. 동네 상권에 적합한 업종으로는 제과점, 작은 커피전문점, 떡집, 공인중개사사무소, 편의점, 세탁소, 미용실, 분식점 등이 있다. 프랜차이즈 미용실은 광역 상권에 있지만 미용사가 1~2명 정도라면 동네 상권에 있어도 충분하다. 편의점이나 작은 카페를 하고 싶다면 광역 상권보다 동네 상권을 잘 공략해도 좋다. 보통 아파트단지 내 상가나 신도시 근린상업지역의 상가 등이 동네 상권에 해당된다.

* * *

　상권에 대한 이해를 암기할 필요까지는 없다. 개념 정도를 이해하면 된다. 그래도 소비 패턴에 따른 충동형 상권, 목적형 상권과 다음에 설명할 상권 유형에 따라 구분되는 상권은 현장에서의 상권 분석에 반드시 필요하므로 제대로 알고 있어야 한다.

상권 유형에 따른
상권 분류

상권은 유형에 따라 다양하게 분류된다. 어떤 유형이냐에 따라
업종 등을 선택할 수 있으므로 중요한 투자 기준이 된다.

중심가 상권

중심가 상권은 시내 중심가 상권이라고도 하며 인구 50만 명 이하의 시나 신도시, 서울이나 광역시의 구 단위로 1~2개 정도 형성되어 있다. 강남역, 잠실, 명동, 광화문, 홍대입구역, 건대입구역, 서현역, 범계역, 일산의 웨스턴돔과 라페스타 등의 상권이 대표적인 중심가 상권이다.

중심가 상권은 교통이 편리하고 문화, 편의시설이 잘 갖춰져 있어서 유동 인구가 많은 것이 특징이다. 수요층이 워낙 두터워서 유사 업종이 많이 있어도 경쟁으로 인한 손실보다는 집중으로 인한 이익이 더 크다. 먼 거리에서도 찾아오는 광역 상권과 많은 유동 인구가 돌아다니면서 소비하는 충동형 상권의 특성을 보이고 있기 때문에 매우 좋은 상권이다.

그런데 수요가 많은 만큼 단일 상권 내에 보통 수백 개에서 수천 개가 넘는 점포가 있어서 경쟁이 치열하고 상가 매매 가격 및 임대료가 비싸 투자 비용이 높다는 단점이 있다.

중심가 상권에는 은행, 영화관, 패밀리 레스토랑, 유명 의류 매장, 유명 스포츠 매장, 화장품 매장 등 소비자와 접촉이 빈번한 업종은 모두 진출해 있다. 중심가 상권의 경우 고정 인구보다 유동 인구에 무게 중심을 더 두고 유효 수요를 분석해야 한다.

역세권 상권

지하철역을 기준으로 형성되는 상권이 역세권 상권이다. 물론 지하철역이라고 다 똑같다고 할 수 없다. 강남역, 명동역, 홍대입구역, 건대입구역 등은 역세권 상권이지만 워낙 유입되는 유동 인구가 많아서 중심가 상권으로도 분류된다. 중심가 상권에 포함되는 대형 역세권 상권이 아닌 일반적인 역세권 상권은 지하철역을 중심으로 형성된 동네 상권으로 본다.

지하철역 대부분에는 기본적으로 역세권 상권이 형성되어 있다. 역세권 상권은 출근 때와 같은 짧은 시간 안에 소비가 이뤄져 회전율이 빠르고 유사 업종 간의 경쟁이 다른 상권에 비해 많이 치열하지 않는다는 장점이 있다. 하지만 환승역과 노선별, 출구별로 이용객 편차가 커서 유효 수요의 이동 동선과 속도를 특히 더 신경 써야 한다. 또한, 근처 동네 거주자뿐만 아니라 다양한 사람의 익명성까지 더해져서 단골손님을 만들기가 쉽지 않고 자칫 유효 수요 분석에 실패할 경우 역세권이라는 점만 생각하고 과다하게 투자했다가 어려워지기도 한다. 그러므로 역세권 상권의 경우 고정 인구와 유동 인구 모두를 조사해야 유효 수요를 제대로 분석할 수 있다.

역세권 상권에는 커피전문점, 제과점, 화장품 매장, 휴대전화 대리점, 분식점 등의 업종이 주로 형성된다.

오피스 상권

오피스 상권은 직장인이 타깃인 상권으로 보면 된다. 역삼역, 교대역, 삼성역, 선릉역, 광화문, 시청역, 여의도, 판교테크노밸리, 가산디지털단지, 구로디지털단지 등이 해당된다.

교대역, 삼성역, 선릉역, 시청역, 광화문 등의 경우에는 오피스 상권이기도 하지만 중심가 상권과 역세권 상권의 특성도 갖고 있어서 오피스 상권이라고만 할 수는 없다. 반면 구로디지털단지나 가산디지털단지는 완전한 오피스 상권으로 일반적인 상권에 비해 낮 시간 때 직장인 인구밀도가 높다. 특히 점심시간에 폭발적인 매출 증가를 기대할 수 있다. 하지만 점심시간의 폭발적인 매출은 반대로 퇴근 이후인 저녁 시간에는 매출 감소가 뚜렷하게 나타날 수 있으며 주말에는 거의 매출이 발생하지 않을 가능성이 높아 단순히 낮 시간의 유동 인구와 매출만 보고 판단했다가는 큰코다칠 수 있다. 그것이 오피스 상권의 특징이다.

이러한 오피스 상권의 특징을 잘 파악해보면 점심시간과 낮 시간

이용객의 동선에 적합한 업종(문구점, 택배점 등)이 입점할 수 있는 상가라면 경쟁력이 충분하다. 보통 오피스 상권에는 커피전문점, 점심식사에 적합한 음식점 등이 형성되어 있다.

오피스 상권의 경우 고정 인구와 유동 인구 모두를 조사해야 하며 유동 인구는 낮, 저녁, 주말별로 확인한다. 역세권 상권과 오피스 상권에 대해서는 4장에서 좀 더 상세히 설명하겠다.

아파트 단지 상권

아파트 단지 상권은 골목 상권과 더불어 대표적인 동네 상권이다. 동네 상권이 아파트가 아닌 주택가를 기반으로 한다면 아파트 단지 상권은 아파트를 기반으로 한다. 안정적인 배후 수요를 끼고 있어서 꾸준한 매출을 기대할 수 있으며 충성도 높은 단골 수요층을 기대할 수 있는 가장 무난한 상권이다.

아파트 단지 상권에 투자한다면 아파트 세대수와 지역 주민의 연령대를 잘 확인할 필요가 있다. 세대수가 고정되어 있기 때문에 향후 상권이 더 활발해지거나 성장할 가능성은 낮으므로 공격적인 투자를 하기에는 바람직하지 않다. 아파트 단지 상권에는 편의점, 공인중개사사무소, 미용실, 세탁소, 소규모 카페 등이 있다.

아파트 단지 상권의 경우 유동 인구보다는 고정 인구, 즉 배후 수요 위주로 유효 수요를 분석하는 것이 좋다. 일례로 아파트 500세대, 오피스텔 300세대 이상이면 하나 정도의 편의점 운영에는 큰 문제가 없다고 본다.

골목 상권

골목 상권이라고 하면 보통 주택가의 골목과 관련된 상권을 말한다. 아파트 상권과 함께 대표적인 동네 상권으로 본다.

단독주택, 다가구주택, 다세대주택 등이 주로 있는 주택가를 기반으로 한다. 주거지 근처에 있어서 늦은 시간까지 고객이 있고 다른 상권에 비해 매매 가격과 임대료가 낮아 투자 비용이 적게 든다는 장점이 있다. 하지만 고객층이 인근 지역 거주자로 한정되어 있어서 유동 인구가 적고 퇴근 시간 이후에 고객 유입이 활발하기 때문에 영업을 마치는 시간이 늦어진다는 단점이 있다.

이태원 경리단길, 신사동 가로수길이 인기를 끌었었고 최근에는 성수동 카페 거리, 연남동 연트럴파크, 망원동 망리단길, 서울대입구역 샤로수길 등 골목 상권에 맛집이 형성되면서 유입 인구가 늘어나 테마 상권으로 진화하기도 한다. 그렇게 골목 상권의 재발견이 이뤄지는 경우가 늘고 있으므로 이제는 골목 상권을 무시하면 안 된다.

상가 창업자뿐만 아니라 임대 수익이 목적인 상가 투자자 역시 상권이 성장하면 자연스레 임대료와 매매가 상승을 기대할 수 있기 때문에 이왕 골목 상권에 관심을 가진다면 재발견이 될 수 있는 요건인 젊은 수요층의 접근성 외에도 문화와 테마가 있는 스토리를 입힐 수 있는 요소가 있는지 파악하는 것이 좋다. 골목 상권에는 편의점, 소규모 술집, 미용실, 세탁소, 소규모 카페 등이 형성되어 있다.

골목 상권의 경우 고정 인구, 즉 배후 수요 중심으로 유효 수요를 분석하는 것이 좋다. 앞에서 설명했듯이 유동 인구 유입이 가능한 지하철역이 있는지, 맛집과 테마가 있는 스토리가 형성되어서 상권이 활성화가 될 가능성이 있는지도 확인한다.

테마 상권

일반적인 상권과 달리 공원, 호수, 산, 바다, 놀이공원 등 특정한 목적이 있는 수요자들이 유입될 수 있는 테마가 있는 곳 주변에 형성된 상권을 테마 상권이라고 한다.

북한산, 도봉산, 청계산, 관악산 등 등산 수요가 유입되는 상권에는 등산용품, 음식점 등의 업종이 형성되어 있다. 잠실 석촌호수, 광교 호수공원, 일산 호수공원, 동탄센트럴파크 등 호수나 공원 주변에는 커피전문점과 고급 음식점 등이 많다. 신사동의 가로수길, 이태원의 경리단길, 망원동의 망리단길, 북촌, 서촌과 같이 골목 상권에서 차별화된 맛집 등의 테마 상권으로 진화한 지역도 요즘은 쉽게 찾아볼 수 있다.

이런 테마 상권은 요일별, 계절별 편차가 크고 유행에 민감하므로 유동 인구 변동 폭과 주변 고정 인구의 유효 수요도 확보가 가능한지 꼼꼼하게 볼 필요가 있다.

상가와 관련된 세금

모든 부동산 투자가 그러하듯이 상가에 투자할 때도 수익만 중요한 것이 아니다. 세금도 중요하다. 상가 세금을 주택 세금과 같다고 생각하는 사람도 있는데 결코 그렇지 않다. 세금을 잘못 처리해서 가산세가 부과되거나 생각하지도 않았던 세금고지서를 받아 낭패를 보는 경우가 많으므로 세금에 대해 제대로 알고 있어야 한다. 그래야 절세도 가능하다. 내야 하는 세금을 줄이는 절세와 내지 않아도 되는 세금을 내야 하는 경우를 예방하는 절세가 있다.

유명한 김밥집이 세무 조사를 받아서 10억 원 정도의 과징금을 부과받은 일화가 있다. 10억 원이라는 엄청난 금액도 놀랍지만 현금으로 모두 납부했다는 사실에 사람들은 더 놀랐다. 납부 능력이 충분히 있다면 모르겠지만 상가 투자자나 상가 창업자 대부분은 이 정도 세금고지서를 받는다는 생각만 해도 끔찍할 것이다.

세금은 실수가 있어서는 안 되고 매우 정확한 일 처리가 필요하기 때문에 세금과 관련된 부분은 되도록 세무사에게 의뢰하는 것이 좋다. 어설픈 세금 지식으로 섣불리 판단했다가는 크코다칠 수 있다. 국세청이 운영하는 상담센터의 상담 전화(126번)도 참고하는 것이 좋지만 국세청 공식 의견이 아니며 책임질 수 없는 참고용 상담 전화이기 때문에 너무 맹신하지 않는다.

세무사가 다 알아서 해줄 것이니 복잡하고 골치 아픈 세금을 꼭 알아야 하는지 반문할 수 있다. 내가 기본적인 내용을 알고 세무사에게 의뢰하는 것과 아무것도 모른 채 전적으로 맡기는 것 간에는 분명 차이가 있다.

상가와 관련된 세금은 다음 표에서 보듯이 취득단계에서는 취득세, 부가가치세가, 보유단계에서는 재산세, 종합부동산세, 종합소득세, 임대료 부가가치세가, 양도단계에서는 양도세, 부가가치세가 발생한다. 세금은 부동산과 떼려야 뗄 수 없는 관계를 맺고 있다.

단계	세금	구분	내용
취득	취득세	지방세	• 취득 시 취득가액에 대해 발생 • 농어촌특별세, 지방교육세 포함 • 상가: 4.6% • 고급 오락장(유흥주점 등): 13.4% 중과 • 취득일로부터 60일 이내 신고 · 납부
	상속세	국세	• 사망 시 상속 재산에 대해 발생 • 구간별로 10~50% 상속세율 적용 • 상속 개시일이 속하는 달(사망한 달)의 말일부터 6개월 이내 신고 · 납부
	증여세	국세	• 증여 시 증여 재산에 대해 발생 • 구간별로 10~50% 증여세율 적용 • 증여받은 날이 속하는 달의 말일부터 3개월 이내 신고 · 납부
	부가가치세	국세	• 주택과 토지는 부가가치세 면제 • 양도인한테 세금계산서 수취 시 건물 공급 가액 10% 발생 • 포괄 양도양수계약에 의해 생략 가능 • 경매로 취득 시 부가가치세 발생 안 함 • 부가가치세 환급 　－주택과 토지는 부가가치세 면제 　－취득 시 발생한 부가가치세 환급 가능 　－과세 기간 말일부터 20일 이내 일반사업자 등록 　－세금계산서 수취(양도인이 일반 과세자인 경우)

단계	세금	구분	내용
보유	재산세	지방세	• 보유 중인 건물과 토지에 대해 발생 • 건물 : 0.25%(고급 오락장 등 4%, 공장 등 0.5%) • 토지 : 0.2~0.4%(고급 오락장 등 4%) • 매년 6월 1일 기준으로 9월과 11월에 부과
	종합 부동산세	국세	• 보유 중인 주택과 토지에 대해 발생 • 주택 외 건물 과세 안 됨 • 별도 합산 토지의 공시 가격이 80억 원 초과 시 부과 • 농어촌특별세 20% 포함 • 매년 6월 1일 기준으로 12월 1일에서 12월 15일 사이에 부과
	임대료 부가가치세	국세	• 임대료와 임대보증금에 대해 발생 • 일반 과세자 : 10%(임차인 징수, 세금계산서 발급) • 간이 과세자 : 3%(임대업) • 과세 기간(1월 1일~6월 30일, 7월 1일~12월 31일) 종료 후 25일 내 신고
	종합소득세	지방세	• 임대 소득을 다른 종합소득과 합산해 부과 • 세율 소득 구간별로 6~45% 누진 세율 • 다음 해 5월 신고(성실 신고 확인 사업자는 6월까지)
양도	양도소득세	국세	• 양도 차익에 대해 발생 • 세율 소득 구간별로 6~45% 누진 세율 • 양도일 속하는 달 말일부터 2개월 내 신고, 확정 신고는 다음 해 5월
	부가가치세	국세	• 주택과 토지는 부가가치세 면제 • 당초 환급 유무 상관없이 건물 공급 가액에 부과 • 10년 내 폐업 후 양도 시 당초 환급 받았으면 추징 • 일반 과세자 : 10% (세금계산서 발급 시 양수인 징수) • 간이 과세자 : 3% • 면세사업자, 비사업자 면세 • 포괄 양도양수계약에 의해 생략 가능 • 폐업일 속한 달의 말일부터 25일 이내 신고

제 2 장
상권 분석이
상가 투자의
핵심이다

상가는 상권이 좋아야 한다는 말을 많이 들었을 것이다. 아파트가 입지라면 상가는 상권이다.

'상권이 좋다'는 상가의 유효 수요가 안정적으로 확보되면서 그 유효 수요의 흐름이 막히지 않고 상가로 유입되어 상가의 매출로 이어질 수 있다는 것을 말한다. 상권이 좋으면 상가의 가치가 올라가고 임대료 역시 높아진다. 그래서 상권 분석은 상가 투자의 성패를 가르는 가장 중요한 핵심 기술이다.

이번 장에서는 우리가 흔히 쉽게 접할 수 있는 아파트 단지 상권과 골목 상권에 적합한 유효 수요인 배후 수요와 동선, 흐르는 자리까지 상권 분석의 3단계에 대해 알아보자.

배후 수요 ①
매출 올려주는 사람 찾기

유동 인구보다 상가 주변의 고정적인 배후 수요를 분석하는 것이 효과적이다.
그래서 상권을 분석할 때에는 제일 먼저 배후 수요를 파악한다.

상가 투자의 핵심은 상권을 분석하는 능력이다. 상권 분석은 상권 유형에 따라 유동 인구와 고정 인구의 '유효 수요'와 유효 수요 흐름인 '동선', 그리고 유효 수요의 속도인 '흐르는 자리'까지 상권 분석의 3단계를 제대로 할 수 있어야 투자의 성공 확률을 높일 수 있다. 특히 상권 분석의 3단계 중 유효 수요만 제대로 분석해도 절반은 끝났다고 본다.

'1만 세대 배후 수요 상가 분양' 등의 광고를 한번 정도는 봤을 것이다. '1만 세대라면 엄청 많은 배후 수요이니 이런 상가는 잡아야 하지 않을까?'라는 생각이 들면서도 한편으로는 '과연 1만 세대 중 몇 명이나 상가를 이용할까?'라는 의문이 든다.

유효 수요란, 실제로 상가에 유입되어 구매를 일으키는 실질적인 수요를 말한다. 유동 인구인 유동 수요와 고정 인구인 배후 수요, 모두 유효 수요라고 할 수 있다. 강남 등 광역 상권, 중심가 상권 분석에서는 유동 수요가 더 중요하고, 아파트나 골목 상권에서는 배후 수요가 더 중요하다.

흔히 유동 인구가 많은 상가가 좋은 상가라고 알고 있다. 틀린 말은 아니다. 업종에 따라 차이는 있겠지만 상가 앞을 지나는 사람이 많으면 그중 일부라도 상가로 유입될 수 있다. 그러면 매출이 늘어나니 월세도 잘 내고 공실 가능성도 낮아지므로 좋은 상가라고 할 수 있다.

지방에 사는 초등학생 조카가 와서 함께 쇼핑을 하려고 강남역으로 나갔다. 교보문고 강남점에서 책과 학용품을, 강남역 근처의 카카오프렌즈샵에서 다양한 캐릭터 상품을 사고 맛있는 음식도 먹었다. 돌아가는 길에 오늘 기억에 남은 것이 있는지 물었더니 사람 머리만 기억이 난다는 것이 아닌가. 서울에서 가장 유동 인구가 많은 상권 중 하나인 강남역에 그것도 주말에 갔으니 아이 입장에서는 사람이 엄청 많다고 느꼈을 것이다.

강남역 상권의 하루 유동 인구는 14만 명이 넘는다. 최고의 중심가 상권이라고 할 수 있다. 이 정도 유동 인구라면 풍부한 유효 수요로 인해 그 어떤 장사를 해도 잘된다.

그런데 그 많은 유동 인구를 어떻게 확인할 수 있을까? 유동 인구가 얼마나 되는지 일일이 지나가는 사람의 수를 셀 수는 없다. 소상공인시장진흥공단에서 운영하는 상권정보시스템(sg.sbiz.or.kr)에 들어가면 주요 상권별 업소 수, 주거 인구, 직장 인구, 유동 인구 등의 기본 정보와 상권 등급, 성장성, 안정성, 영업력, 상품을 구매하는 힘인 구매력, 손님을 모으는 힘인 집객력(集客力) 등의 상세 정보까지 확인할 수 있다.

유동 인구가 많다고 다 좋지는 않다. 그만큼 상가의 매매 가격이 높아서 기대보다 임대 수익률이 높지 않다. 임대료 역시 높아서 장사하는 임차인이 힘들 수 있다. 현실적으로 풍부한 유효 수요를 확보한 중심가 상권의 상가 중 임대 수익률이 5% 넘는 경우는 하늘의 별 따기다.

수제 햄버거 매장이 입점해 있는 이태원의 전용 면적 109㎡(약 33평), 2층 상가 매매 가격이 20억 원이 넘는데 반해 임대료는 보증금 1억 원, 월 570만 원으로 임대 수익률이 3.6% 정도다. 스타벅스가 입점한 용인의 전용 면적 99㎡(약 30평), 1층 상가 매매 가격은 14억 원인데 임대료는 보증금 7,000만 원, 월 430만 원 정도로 임대 수익률이 3.8% 정도다. 이마저도 매매 가격 상승으로 인해 최근 임대 수익률은 더 낮아지고 있다.

상권의 유동 인구(수요)가 많다고 해도 내가 투자하려는 상가 앞을 그 유동 인구가 많이 지나가야 한다. 그런데 현실적으로 상가 앞에 지나가는 유동 인구가 얼마나 되는지 정확하게 알기 어렵다. 상가 투자를 위해 일주일 내내 하루 종일 상가 앞에 서서 조사할 수는 없지 않은가? 설령 그렇게 조사해도 계절과 요일, 시간마다 차이가 있고 유동 인구 중에서 상가로 유입되는 사람이 얼마나 되는지, 해당 상가의 위치나 업종의 손님을 끌어 모으는 힘인 집객력이 얼마나 되는지는 확인하기 매우 어렵다. 상권을 조사할 때 유효 수요 중 얼마가 상가 앞을 지나가고 이 중 얼마가 입점할 것인가를 예상해 매출을 추정하는 방식이 있지만 정확도가 떨어질 수 있다.

상가를 구입해 장사하려는 상가 창업자라면 좀 더 면밀하게 유동 인구를 분석할 필요는 있지만 임대 수익이 목적인 상가 투자를 한다면 상가 창업자 수준의 유동 인구 분석은 지나친 과잉 조사다. 물론 아파트 단지 상권이나 골목 상권이 아닌 중심가 상권이나 역세권 상권이라면 배후 수요와 더불어 유동 인구(수요)에 대한 조사가 중요하지만 이미 상권에 입점해 있는 업종들과 매매 가격, 임대료, 권리금 시세만 봐도 대략적인 유동 인구의 수를 예측할 수 있기 때문에 우리가 흔히 접할 수 있는 아파트, 골목 상권의 상가 분석에서는 고정적인 배후 수요가 더 유효하므로 성공적인 상가 분석을 위한 유효 수요 분석에서 유동 인구 관련 분석은 잠시 접어둬도 된다.

스타벅스 등 유명 커피전문점, 더페이스샵 등 화장품 매장, 나이키 등 스포츠용품 매장, 휴대폰 매장, 애플 스토어 등 소비자가 충동적으로 구매할 수 있는 충동형 업종이 많이 있다면 그 상권의 유동 인구는 A급 수준이라 할 수 있다. 반면 자동차 대리점, 가구점, 이불 판매점, 모텔, 철물점, 배달전문점 등과 같이 필요한 사람이 찾아오는 목적형 업종이 많다면 해당 상권의 유동 인구는 많지 않음을 짐작할 수 있다.

일반적인 아파트, 골목 상권의 상가 투자에 있어 유효 수요는 유동 인구가 아닌 고정 인구, 즉 배후 수요를 분석하는 것이 효과적이다. 상가 주변에 위치한 아파트, 오피스텔, 원룸빌라 등 수요가 거주할 수 있는 세대수를 확인하면 배후 수요 범위를 분석할 수 있다.

아파트는 500세대, 오피스텔은 300세대, 원룸빌라는 400세대 이상이면 어느 정도 돌아가는 상권이 형성됐다고 할 수 있다. 이 정도 세대가 있는 상가라면 월 200~300만 원 정도 임대료를 내는 편의점 하나 정도가 충분히 돌아갈 수 있다. 편의점 매출 기준으로 보면, 아파트는 세대당 3,000~4,000원, 원룸빌라는 4,000~5,000원, 오피스텔은 5,000~6,000원 정도이며 일 매출로 150~200만 원 정도가 나오면 운영하는 데 지장이 없다.

[배후 수요 범위와 세대당 매출]

구분	배후 수요 범위	세대당 매출
아파트	500세대	3,000~4,000원
오피스텔	300세대	5,000~6,000원
원룸빌라	400세대	4,000~5,000원

• 주: 편의점 기준 | 일 매출 150~200만 원 기준

아파트는 세대 거주 인구가 3~4명 정도로 1~2명 수준인 오피스텔이나 원룸빌라보다 더 많이 사는데 왜 아파트의 유효 수요 범위 관련해서 세대가 더 많이 요구되고 세대당 매출액은 낮은 것일까? 그것은 거주하는 유효 수요의 소비 성향에 차이가 나기 때문이다. 아파트 거주자들은 일반적인 가정생활을 기반으로 하고 있어서 주말이 되면 대형 마트나 재래시장에서 장을 보거나 외식을 하는

반면, 오피스텔이나 원룸빌라에 거주하는 사람들은 대부분 장을 보는 것보다 필요할 때마다 소량 구입을 하기 때문에 주변 상권을 이용하는 횟수가 더 많다. 집객력이 높다고 할 수 있다.

상권의 규모가 커질수록 유효 수요를 끌어들이는 집객력도 더 커지는데 아파트 500세대 기준으로 대략 상가점포 5개 정도의 상가건물 1개 정도가 충분하다. 그런데 아파트 5,000세대 정도가 되면 상가건물 10개 이상인 12~15개까지 상권이 형성될 수 있다.

배후 수요 ②
범위를 설정한다

실질적으로 구매를 하는 고정적인 유효 수요인 배후 수요의 범위부터 설정해야 한다.
배후 수요의 범위는 도보 10분 이내 세대수와 경쟁 상권, 상권 단절을 고려해서 정한다.

상가에 유입되어 구매를 일으키는 실질 수요를 '유효 수요'라 하고 고정적인 상가 주변의 유효 수요를 '배후 수요'라고 한다. 유효 수요가 얼마나 되는지 그 범위를 설정한 후에 세대수를 확인한다면 임차인이 특별히 장사를 못하는 상황을 제외하고 어지간하면 장사가 잘되는 상가인지, 장사 수완이 아주 좋은 임차인의 덕이 없다면 문 닫아야 하는 상가인지 판단할 수 있다.

배후 수요 분석의 첫걸음은 배후 수요의 범위를 설정하는 것이다. 실질적인 구매를 일으키는 수요를 어디까지 보는지가 중요한데 이때 도보 거리, 경쟁 상권, 그리고 상권 단절에 대해 분석해야 한다.

요즘 사람들은 정말 걸어 다니는 것을 싫어한다. 도보로 10분 정도 걸리는 거리도 마을버스를 타는 사람이 의외로 많다. 마을버스

기다리는 시간까지 감안하면 10분은 훌쩍 넘는데도 10분 걷는 것을 싫어한다. 일부러 찾아가야 할 이유가 없다면 집에서 가장 가까운 상권으로 움직이는 것이 보통이다. 그래서 도보 10분 이내 거리의 주택 세대수만 배후 수요의 범위로 잡아야 한다(아파트 단지라고 해도 아파트 외에 원룸빌라 등도 주변에 있지만 편의상 아파트 기준으로 한다).

사람이 몰리는 곳이나 매장으로 가는 사람들의 심리 때문에 장사가 잘되는 가게는 더 잘되고 안 되는 가게는 개미 새끼 한 마리 구경하기 어렵다. 그래서 경쟁 상권 분석이 중요하다. 멀지 않으면 유효 수요 대상자들은 더 크고 활성화가 잘되어 다양한 상가가 많은 (좀 더 경쟁력이 있는) 상권으로 간다. 만약 내 상가로 유입되어야 할 배후 수요를 경쟁 상권에 빼앗긴다면 치명적인 손실이 날 수밖에 없다.

상권 단절도 반드시 파악해야 한다. 차량 통행량이 많고 횡단보도를 이용해도 20초 이상 소요되는 왕복 8차선 이상 대형 도로에 대해서는 심리적으로 위협을 느끼기 때문에 잘 건너지 않으려는 경향이 강하다. 횡단보도가 있어도 횡단보도까지 걸어가야 하고 육교는 더욱더 건너려고 하지 않는다. 계단을 오를 바에 차라리 좀 더 먼 길을 택하는 사람도 많을 것이다. 특히 철도는 지하도나 육교가 없으면 아예 건널 수 없는 완전한 상권 단절을 의미한다.

이처럼 도보 거리(10분 이내), 경쟁 상권, 상권 단절(도로, 철도)은 배후 수요의 범위를 설정하는 3가지 요소다.

다음 그림을 보자. 2,571세대 큰 규모인 아파트 단지에 출입구를 끼고 3개(A, B, C)의 상가가 있다.

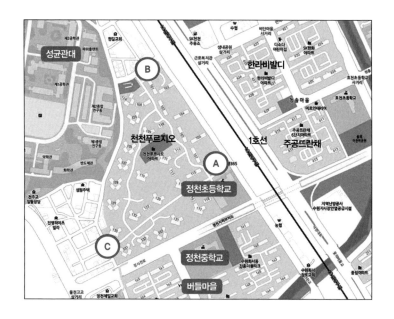

아파트 500세대 기준으로 작은 상가건물 하나 정도의 배후 수요가 형성된다고 했으므로 2,500세대 정도라면 상가건물 5개 정도의 배후 수요가 형성된다고 볼 수 있다. 현재 상가건물이 3개뿐이어서 배후 수요를 좀 더 확보할 수 있을 것으로 보인다. 게다가 서북부 방향으로 대학교가 있고 동북과 남쪽으로 또 다른 아파트 단지들이 있으므로 큰 상권이 형성될 것이라고 생각할 수 있다. 과연 그럴까? 다음 페이지 그림을 보면서 분석해보자.

2,571세대 아파트 단지 동쪽으로는 1호선이 지나가는데 지하철이 아니라 지상철이다. 철로가 지상에 있으므로 완전한 상권 단절

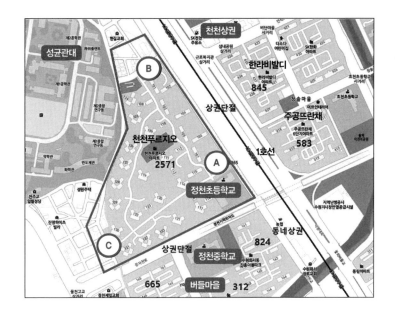

을 의미한다. 철로 건너편 상권은 직선거리로 100미터를 조금 넘기 때문에 걸을 경우 3분도 걸리지 않겠지만 현실적으로는 돌아가야 해서 20분 이상이 걸린다. 전혀 다른 상권이라고 할 수 있다. 그래서 철길 건너편의 845세대와 583세대의 아파트 단지에서 유입되는 배후 수요는 거의 없다고 봐도 된다.

남쪽 역시 상권 단절이 되었다고 할 수 있다. 철도는 없지만 왕복 6차선 도로가 있다. 더군다나 중앙선에는 무단횡단을 막기 위한 중앙분리대가 설치되어 있다. 횡단보도가 있으니 건너오지 않겠냐고 할 수 있지만 안타깝게도 아래쪽 665세대, 824세대, 312세대의 아파트 수요가 횡단보도를 건너 넘어올 가능성은 거의 없다. 왜냐하면 (그림에는 나오지 않았지만) 좀 더 밑으로 내려가면 규모가 더 크고 활성화된 근린상업지역의 더 좋은 상권이 있기 때문이다. 굳이 불편함을 무릅쓰고 횡단보도를 넘어 상대적으로 작은 상권으로 이동할 이유는 없다. 오히려 배후 수요의 유입보다 근린상업지역의 더 좋은 상권으로 배후 수요를 빼앗기는 유출 현상이 발생하고 있다.

북쪽으로 올라가면 성균관대학교 후문 상권이 있고 더 멀리 가면 성균관대역 상권이 형성되어 있다. 결과적으로 2,571세대 아파트 단지의 배후 수요는 다른 아파트 단지의 수요 유입을 기대하기는 어렵고 아파트 자체 세대수만이 배후 수요 범위로 인정받을 수 있다. 2,571세대라면 대단지라고 할 수 있지만 A, B, C 등 3개의 출입구에 있는 상권은 작다고 할 수밖에 없다. 앞으로 크게 커질 가능성은 높아 보이지 않는다.

2,500세대가 넘으니 상권을 3개로 나눠도 700~800세대 정도의 유효 수요는 확보하고 있다고 할 수 있으므로 먹고살 만한 정도는 되지만 그 이상을 생각하기는 힘들 것으로 보인다. 실제로 단지 내 상가로는 제법 크고 초등학교를 끼고 있는 A 상가에는 슈퍼마켓, 공인중개사사무소, 미용실, 안경점, 문구점, 분식점 등이 있다. B 상가에도 공인중개사사무소, 편의점, 미용실, 치킨점, 정육점 등이 있다. C 상가는 단지 내 상가는 아니지만 슈퍼마켓, 제과점, 식당, 커피전문점, 공인중개사사무소, 휴대전화 매장 등 다양한 소규모 점포가 입점해 있다. 거의 대부분 동네 상권의 업종으로 구성되어 있다.

그렇다면 A, B, C에 있는 상가 중 어디가 더 좋을까? A, B, C는 전형적인 동네 상권이다. A 상가는 아파트 외 다른 배후 수요는 없지만 초등학교를 끼고 있어서 초등학생이 추가적인 배후 수요가 될 수 있다. 하지만 A 상가의 규모가 크고 입점 점포 수가 너무 많다.

B 상가와 C 상가는 배후에 원룸빌라 수요를 일부 확보하고 있다. 또한, A 상가보다 상가건물 규모가 작고 입점 점포 수도 적다. 원룸 빌라의 배후 수요까지 감안하면 배후 수요의 범위는 C 상가가 두텁고 장사도 잘될 것이다. B 상가의 배후 수요는 성균관대 후문 상권으로도 갈 수 있으므로 분산이 되는 반면 C 상가의 배후 수요는 C 상가가 아니면 갈 데가 특별히 없기 때문이다.

더욱이 C 상가는 단지 내 상가가 아니라 아파트 앞 자연 상권의 상가여서 A 상가와 B 상가에 비해 상가 공급 수가 상대적으로 부족하다. C 상가에는 유명 프랜차이즈 제과점, 기업형 슈퍼마켓 등 A 상가와 B 상가보다 좀 더 규모가 큰 업종이 입점해 있다.

배후 수요 ③
충분히 뒷받침되는지 확인한다

배후 수요가 충분히 뒷받침이 되어야
상가 투자의 타당성을 판단할 수 있다.

식사 후 시원한 아이스 아메리카노 한잔은 꿀맛이다. 특히 무더운 여름철에는 더욱 맛있다. 하지만 컵 안에 커피가 있어야 시원하게 마실 수 있듯이 상권의 유효 수요 분석을 통해 배후 수요가 어느 정도인지 확인이 되어야 상가 투자의 타당성을 판단할 수 있다. 상권 분석에 있어 배후 수요의 분석은 그만큼 중요하기 때문에 사례를 통해 좀 더 알아보자.

다음 그림은 동탄2신도시의 한 아파트 정문 앞에 있는 상권(이하 'A 상권')이다. 앞에서 상권의 배후 수요 범위는 도보 10분 이내 거리, 경쟁 상권, 그리고 상권 단절을 고려해 정한다고 했다. 그렇다면 A 상권은 과연 배후 수요가 충분한 좋은 상권이라고 할 수 있을까? 넓은 도로 때문에 오른쪽과 아래쪽에서 상권 단절이 발생해 배후

수요 확보가 어려울 것 같은데 과연 실제로 그런지 분석해보자.

A 상권 우측에 있는 경부고속도로까지 가지 않더라도 왕복 8차선에 비교적 큰 중앙분리대까지 있는 동탄기흥로 때문에 상권이 완벽하게 단절되므로 동탄기흥로 오른쪽은 아예 없다고 생각해도 된다. A 상권은 489세대 동탄2신도시에일린의뜰(이하 '에일린아파트')의 배후 수요를 고정적으로 확보하고 있다.

A 상권 아래쪽에는 436세대의 중흥S클래스에코밸리(이하 '중흥아파트')가 있는데 아쉽게도 8차선 도로인 신리천로가 그 사이를 가로지르면서 상권을 단절시키고 있다. 그런데 중흥아파트 근처에 마땅한 상업지역이 없다. 보통 8차선 도로면 수요자들이 건너기 싫어하기 때문에 상권 단절이 발생할 가능성이 높지만 불행 중 다행인지 중흥아파트에 거주하는 수요자들 입장에서는 단지 내 상가보다 A 상권의 규모가 더 크기 때문에 불편해도 8차선 도로의 횡단보도

를 건널 가능성이 높다. 또한, 에일린아파트 왼쪽에 있는 158세대와 104세대의 주택도 배후 수요가 될 수 있다.

에일린아파트 오른쪽에 있는 745세대의 동탄역더샵센트럴시티 2차(이하 '포스코아파트')는 배후 수요가 될 수 있을까? 아쉽게도 될 수 없다. 왜냐하면 다음 사진에서 보듯이 에일린아파트 오른쪽에 있는 왕복 4차선인 동부대로는 일반 도로가 아니라 도저히 건널 수 없는 옹벽과 차단벽으로 막힌 지하도로이기 때문이다.

[상권 단절을 유발하는 도로]

동탄기흥로   동부대로   신리천로

다음 그림에서 보듯이 745세대 포스코아파트와 그 옆 538세대의 동탄풍성신미주아파트(풍성아파트) 수요는 B 상권이나 C 상권으로 유입될 가능성이 높다. 결국 A 상권의 배후 수요는 1,300세대 정도로 예상된다.

아파트 500세대가 하나의 상가건물을 충족시켜주는 배후 수요라고 했으므로 1,300세대면 3개 정도의 상가건물이 적당하다. 그런데 A 상권에는 상가건물이 5개 정도가 계획되어 있다. 또한, 단지 내 상가까지 감안하면 편의점 등 좋은 입지에 미리 자리를 잡은 상가 외에는 위치와 분양 가격에서 경쟁력 약한 상가의 경우 자칫 고생

할 수도 있다. 만약 A 상권에 상가건물이 3개 이하로 지어진다면 안
정적인 상권이 될 수 있다.

배후 수요 ④
두 상권을 비교할 줄 알아야 한다

투자하려는 상권과 근처 다른 상권을 비교할 줄 알아야 한다.
그래야 좀 더 배후 수요를 정확하게 파악할 수 있다.

내가 투자하려는 상권만 봤다가는 객관성을 잃을 수 있으므로 근처 다른 상권과 비교해 서로의 장단점을 아는 과정도 필요하다. 그 과정을 동탄1신도시의 상권을 예로 들면서 알아보자.

다음 그림에는 동탄1신도시의 다은마을, 솔빛마을을 배후 수요로 갖고 있는 중심상업지역인 A 상권과 솔빛마을, 나루마을을 배후 수요로 갖고 있는 근린상업지역인 B 상권이 표시되어 있다.

상권의 규모가 크고 중심상업지역인 A 상권이 더 좋을까? 아니면 근린상업지역인 B 상권이 더 좋을까?

답은 B 상권이 더 좋다. A 상권은 유흥업소부터 각종 생활용품점까지 다양한 업종이 형성되는 중심상업지역 상권으로 남광장이라고 불린다. A 상권 위쪽에 북광장이라고 불리는 또 하나의 중심상업

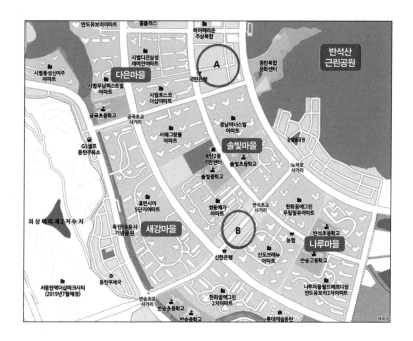

지역 상권이 있다. 북광장 상권의 유효 수요로는 한빛마을과 예당마을이 있다.

98쪽 그림을 보면 남광장인 A 상권은 시범다은삼성래미안아파트(514세대), 롯데대동다숲캐슬아파트(429세대), 시범포스코더샵아파트(514세대), 시범우남퍼스트빌아파트(610세대), 시범다은마을월드메르디앙반도유보라아파트(1,473세대) 외에도 솔빛마을 내 서해그랑블아파트(727세대)와 경남아너스빌아파트(622세대)의 절반 정도까지 합친 4,200세대 정도를 배후 수요로 확보하고 있다.

4,200세대라면 배후 수요가 꽤 많은 것이다. 아파트 500세대에 상가건물 하나 정도의 시장이 되므로 4,200세대에는 10개 정도의 상가건물이 있어도 충분하다. 게다가 중심상업지역인 만큼 배후 수

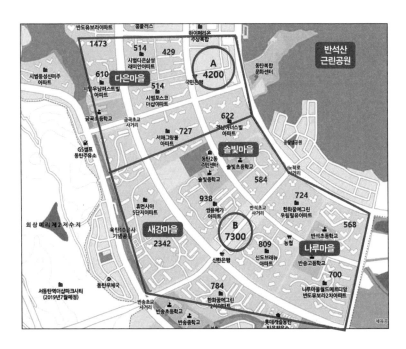

요 범위를 벗어난 아파트에서도 유입되는 수요가 있을 수 있기 때문에 15개 정도의 상가건물까지 있어도 무난할 것이다.

그런데 오피스텔, 주상복합건물 1층 상가까지 감안하면 20개가 넘는 상가건물에다 복합 쇼핑몰인 메타폴리스몰까지 있어서 치열한 생존 경쟁을 벌여야 한다. 배후 수요에 비해 상가 공급이 많았고 임차인이 장사를 잘하는 상가 외에는 유효 수요의 흐름인 동선과 속도인 흐르는 자리에 따라 장사가 잘되는 상가와 잘되지 않는 상가 간의 명암이 엇갈릴 것이다.

이번에는 B 상권을 살펴보자. B 상권의 위쪽에는 솔빛마을 내 쌍용예가아파트(938세대), 신도브래뉴아파트(584세대), 서해그랑블아파트(727세대), 경남아너스빌아파트(622세대)이 있고 아래쪽으로는 나루마을 내 신도브래뉴아파트(809세대), 한화꿈에그린우림필유아파트(724세대), 월드메르디앙반도유보라 1차 아파트(568세대), 월드메르디앙반도유보라 2차 아파트(700세대)가 있으며 왼쪽에도 한화꿈에그린 2차 아파트(784세대), 휴먼시아 5단지 아파트(2,342세대)가 있다. 솔빛마을 내 서해그랑블아파트와 경남아너스빌아파트의 경우 A 상권으로 유입되는 배후 수요도 있으니 세대수의 절반 정도만 계산한다. 새강마을 내 휴먼시아 5단지 아파트 2,342세대 모두를 배후 수요로 볼 수 없겠지만 다른 경쟁 상권이 마땅하지 않다는 점을 감안하면 상당 부분 흡수할 수 있을 것으로 보인다. 이렇게 하면 B 상권의 배후 수요는 7,300세대 정도로 A 상권보다 월등히 많다.

반면 상가건물은 20개가 되지 않아 오히려 A 상권보다 상가 공급이 더 적다. 수요는 많은데 공급이 적다면 더 이상 무슨 말이 필요하겠는가? 상권의 규모가 커질수록 수요를 끌어들이는 집객력은 더 커지기 때문에 7,300세대 정도면 상가건물 20개 정도는 충분하다고 할 수 있다.

결과적으로 A 상권보다는 B 상권이 훨씬 더 좋다. 물론 B 상권 내에서도 동선과 흐르는 자리에 따라 경쟁력 없는 상가는 분명 존재한다. 또한, 분양 가격 자체가 높아서 장사는 잘되는 상가라도 고분양가로 인한 높은 임대료를 견디지 못하고 업종이 변경되는 경우가 빈번히 발생하고 있어서 배후 수요가 풍부하다 해도 안심하지 말고 동선과 흐르는 자리, 매매 가격과 임대 가격의 적정성도 반드시 검토해서 상가 투자의 타당성을 검증해야 한다.

동선 ①
배후 수요의 흐름을 파악하라

배후 수요의 범위를 분석했다면 이제는 유효 수요의 흐름인 동선을 파악해야 한다.
사람들이 주로 다니는 흐름을 동선이라고 한다.

상권 분석의 첫걸음은 배후 수요를 분석하는 것이다. 컵에 커피가 없으면 아무리 빨대를 잘 빨아도 마실 수 없듯이 상권의 배후 수요가 부족하다면 장사가 잘되기 어렵고 높은 임대료를 받을 수 없다. 임대료는 고사하고 공실 걱정을 해야 할 수도 있다. 배후 수요가 충분하다면 상가 투자를 바로 해도 될까?

배후 수요를 충분히 확보했다고 해도 그 유효 수요가 (내가 투자하려는) 상가에 실제로 유입되는 것인지 의문이 들 것이다. 아무리 배후 수요가 풍부해도 내 상가 앞을 잘 지나가지 않는다면 풍부한 배후 수요는 그림의 떡이다. 배후 수요 분석을 마쳤다면 그 유효 수요가 어느 방향으로 이동하는지, 즉 유효 수요의 흐름인 동선 파악이 두 번째 단계다.

유효 수요가 컵 안의 커피라면 동선은 커피를 잘 빨아들이게 하는 빨대와 같다. 요즘은 친환경을 위해 종이 빨대를 주는 커피전문점이 늘어나고 있다. 그런데 종이 빨대를 오래 사용하면 커피가 잘 올라오지 않아 불편해진다. 이런 종이 빨대처럼 빨대가 제 기능을 못 하면 커피가 가득해도 제대로 빨기 힘들어진다. 이렇듯 동선은 유효 수요가 어느 방향으로 이동하는지에 대한 흐름이다. 어느 상권이든지 사람이 많이 다니는 동선이 있고 수요 흐름이 적은 동선이 있다. 같은 배후 수요를 확보한 동일한 상권이라고 해도 동선에 따라 상가의 가치는 극명하게 차이가 난다.

부천 상동에 있는 한 상가를 조사하러 간 적이 있었다. 같은 상가 건물인데도 동선에 해당되는 전면에 있는 상가는 유명 프랜차이즈가 있는 등 장사가 제법 잘되었는데 동선에서 벗어난 건물 안쪽의 상가는 장기간 임대가 나가지 않은 공실 상태였다.

당연히 유효 수요가 많은 동선에는 유명 프랜차이즈 같은 좋은 업종이 입점한 상가가 많이 있어서 상권이 좋아지는 반면, 유효 수요 흐름이 적은 상가에는 소비자들이 일부러 찾아오는 목적형 업종의 상가들이 형성될 수밖에 없다. 그렇지 않으면 심한 경우 장기간 공실이 될 수도 있다.

다음 페이지 그림은 가산디지털단지역 상권을 표시한 것이다. 가산디지털단지는 과거 노동 집약 산업단지였던 구로공단이 대형 지식산업센터(아파트형 공장)로 하나둘 탈바꿈하다가 지하철 7호선 개통으로 천지개벽을 이룬 곳이다. 20년 전 가리봉역(현재 가산디지털단지역)에 내려 즐비한 공장들을 보면서 '서울에 이런 공장들이 아직 남아 있다니 도대체 개발은 될까?'라는 회의적인 생각을 한 적이 있었다. 지금의 가산디지털단지 모습을 보고 있으면 비만 오면 질척이던 허허벌판 분당과 평촌 등이 1기 신도시로 변한 것과 버금가는 대변화라 할 수 있다. 각 상권 간의 거리가 20미터 정도에 불과한 A, B, C 상권 중 좋은 상권은 어디일까?

[가산디지털단지역 5번 출구 상권]

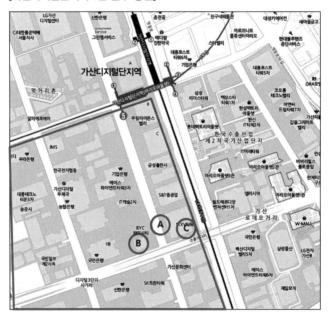

A, B, C 상권 위쪽으로는 더블 역세권(1호선, 7호선)인 가산디지털단지역이 있다. 가산디지털단지에서 지하철을 타려면 가산디지털단지역을 이용해야 하는데 출퇴근 시간에는 매우 많은 사람이 몰리

면서 아수라장이 된다. 가산디지털단지역 5번 출구 상권의 배후 수요 범위는 다음 그림의 화살표 부분이다.

[A, B, C 상권의 동선]

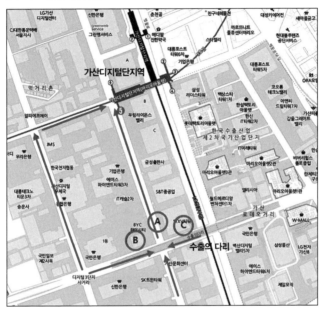

A, B, C 모두 같은 배후 수요 범위 내에 있고 비슷한 배후 수요를 확보하고 있어서 유효 수요의 흐름인 동선이 이들 상권의 성패를 결정하게 된다. 그림에서 보듯이 가산디지털단지역 5번 출구 상권의 유효 수요는 가산디지털단지역 5번 출구로 향하고 있다. B 상권의 유효 수요도 A 상권 쪽으로 지나가고 C 상권의 유효 수요도 A 상권 쪽으로 흘러간다. 또 A, B, C 상권의 아래쪽에는 '수출의 다리'라는 고가도로가 있어서 상권 단절현상이 발생한다. 아래쪽 유효

수요도 유일한 이동통로인 사거리 횡단보도를 통해 지하철역으로 가는데 A 상권을 지나야 한다. 당연히 B, C 상권보다 A 상권이 좋을 수밖에 없다.

그렇다면 B와 C 상권 중에는 어느 상권이 더 좋을까? C 상권보다는 B 상권이 더 좋다. B 상권 방향으로 더 걸어가면 광명시 방향의 버스를 타는 정류장이 있고 다른 지식산업센터로 이어져서 동선이 막히지 않고 흐를 여지가 있다. 반면 C 상권은 철로로 인한 상권 단절현상이 발생해 막다른 길목에 마주치게 된다. 철길 건너편으로 이동할 수 있는 고가도로가 있지만 걷기를 싫어하는 요즘 사람들이 굳이 고가도로를 넘어 철길 건너편으로 이동할 가능성은 그리 높아 보이지 않는다. 다음 현장 모습을 보면 좀 더 이해가 잘될 것이다.

[A, B, C 상권 모습]

A 상권의 경우 도로 양쪽에 상가들이 입점해 있고 지하철역을 향해 상권이 형성되어 있다. 좋은 상권에만 입점한다는 스타벅스도 있다. B 상권의 경우 아래쪽이 고가도로에 막혀 있지만 그래도 길이 막히지 않고 이어져 있는 반면, C 상권의 경우 아래쪽은 고가도로에, 옆은 철로에 막혀 있어서 막다른 길목이다. 이런 막다른 길목으로는 사람들이 잘 가려고 하지 않는다. C 상권에는 사람들이 일

부러 찾아오는 맛집 등 목적형 업종이 아니면 임차인 구하기가 쉽지 않을 것이며 그만큼 임대료도 상대적으로 낮을 것이다. 철길로 막혀 있다고 해도 시야 개방성이 좋은 C 상권에 맛집처럼 알아서 찾아오는 업종이 들어온다면 B 상권보다 더 좋은 수익을 낼 수도 있다.

만약 초기 분양 시기 때로 돌아갔다면 분양가가 다소 비싸도 C 상권보다는 A 상권의 상가를 선택하는 것이 좋다(물론 배후 수요, 동선 외에도 분양가와 예상 임대료를 근거로 한 수익성 분석, 평일 점심시간에 집중되어 있는 오피스 상권의 특징까지 잘 파악해서 최종 결정을 내려야 한다).

동선 ②
동선의 특징

유효 수요 흐름 방향인 동선은 배후 수요 범위만큼이나 중요하다.
동선의 특징을 통해 좀 더 파악해보자.

배후 수요가 많아도 내 상가 앞을 지나가지 않으면 소용없는 허수일 뿐이다. 이렇게 동선은 중요하다. 1층 상가가 2층 이상 상가보다 좋다고 한다. 틀린 말은 아니지만 동선에서 떨어져 있는 1층 상가보다 동선상에 있는 2층 이상 상가가 더 좋을 수 있다. 유효 수요의 흐름인 동선이 갖고 있는 특징은 다음과 같다.

첫째, 사람들은 밖에 나가면 귀가, 출근, 모임 참석 등의 목적을 갖고 있어서 지하철역이나 버스 정류장을 중심으로 움직인다.

둘째, 많은 사람이 다니는 길로 다니려는 군중심리가 있다.

셋째, 모임이나 쇼핑을 할 경우에는 큰 상권으로 간다.

넷째, 동일 상권 내에서도 인기 업종이 입점해 있는 핵심 상가로 간다.

다섯째, 길이 이어지지 않고 막혀 있어 흐름이 끊기는 막다른 길로는 잘 가지 않는다.

이런 특징을 잘 알고 있으면 동선을 파악하는 데 큰 도움이 된다.

다음 상권 분석 사례를 보면서 동선의 특징을 다시 한번 확인해보자. A 상가는 450세대 LH 3단지 아파트(이하 'LH3') 내 상가이고, B 상가는 772세대 모아미래도센트럴타운 2단지(이하 '센트럴2') 내 상가다.

배후 수요의 범위와 동선을 안다면 A 상가보다는 B 상가가 더 좋다는 것을 알 수 있다. 그런데 배후 수요 450세대보다 772세대가 더 많기 때문이라는 이유만으로는 전부 다 분석했다고 볼 수 없다.

현장에서 보면, LH3 내 A 상가 1층은 점포 6개로 구성되어 있다. 센트럴2 내 B 상가는 스트리트 몰 형태이며 1층 34개, 2층 12개,

총 46개의 점포가 있다. 세대수에 비해 상가 수가 너무 많다. 그래도 바로 왼쪽 옆의 680세대 모아미래도센트럴타운 2단지(이하 '센트럴1')가 있고 B 상가 건너편에 1,318세대 수원호매실휴먼시아단지아파트(이하 '휴먼시아5')가 있으니 괜찮은 것 아니냐고 반문할 수 있다. 하지만 센트럴1에도 30개 정도가 입점해 있는 스트리트 몰 형태의 상가가 있고, 길 건너 휴먼시아5에도 상가가 있으며 대각선 맞은편에도 대규모 상업지역이 있다. 주변에 상가가 넘쳐 난다. 그런데도 왜 A 상가보다 B 상가가 더 좋다는 것일까?

유효 수요의 흐름인 동선은 큰 상권으로, 그리고 핵심 상가로 이동한다는 특징을 갖고 있다.

다음 그림을 보자. 해당 지역의 유효 수요가 몰려드는 상가는 A도, B도 아닌 상업지역 내 상가들이다. 1층에는 배스킨라빈스, 롯데

리아, 파리바게뜨 같은 유명 프랜차이즈뿐만 아니라 미용실, 분식점, 휴대전화 판매점 등이, 위에는 병원, 학원 등 다양한 업종의 점포가 입점해 있다. 센트럴2, LH3 주민들도 자연스럽게 상업지역으로 이동한다. 그래서 동선은 108쪽 그림처럼 형성된다.

이런 상황에서 A 상가의 경우 인접한 일부 동의 배후 수요만 흡수할 것이다. 더군다나 위쪽은 녹지공간이라서 상권 단절현상까지 발생하고 있다. 상황이 이렇다 보니 임대료가 낮아질 수밖에 없고 슈퍼마켓, 공인중개사사무소 정도가 있을 것이다. 반면 B 상가는 상업지역으로 이동하는 길목에 있기 때문에 A 상가보다는 B 상가가 동선 측면에서 유리한 고지를 차지하고 있다. 또한, 앞, 뒤, 옆 모두 상권 단절이 되지 않고 배후 수요가 자리 잡고 있어서 충분한 경쟁력을 갖고 있다.

A 상가와 B 상가의 실제 모습을 보면 상권의 차이를 좀 더 확연히 느낄 수 있다. A 상가 왼쪽(108쪽의 그림에서는 위쪽)은 녹지공간으로 상권 단절이, B 상가는 상업지역의 상가들과 연계되는 것을 알 수 있다.

[A 상가와 B 상가의 실제 모습]

하지만 스트리트 몰 형태의 B 상가 전체가 무조건 좋다고 할 수

는 없다. 앞에서 말했듯이 주변까지 보면 공급된 상가가 너무 많기 때문이다. 또한, 스트리트 몰 형태라는 이유로 분양가를 다른 일반적인 단지 내 상가보다 높게 책정했을 것이다. 고분양가는 높은 임대료로 이어진다. 생존을 위한 치열한 경쟁이 불가피해 보인다.

108쪽 그림을 다시 보자. 스트리트 몰 형태의 B 상가에서는 유효 수요의 흐름인 동선 방향에 따라 상업지역에 가까울수록 경쟁력이 높아진다. 같은 센트럴2 내 상가라도 C 상가보다 B 상가가 더 좋다. 코너 자리에다 횡단보도를 이용하면 상업지역으로 연결되는 B 상가에는 유명 커피전문점이 입점해도 될 정도의 경쟁력이 있다고 생각했는데 아니나 다를까 유명 S 커피점이 실제로 입점했다.

C 상가는 경쟁력 측면에서 B 상가와 비교 대상이 안 될 수도 있다. 동선이 상업지역으로 향하는 와중에 C 상가 앞을 지나가지 않고 다른 입구 등을 통해 이동하는 유효 수요가 많아지거나 설령 지나가더라도 자칫 흘러가는 입지가 되면 A 상가보다 못한 상황이 될 가능성도 있다. A 상가는 장사가 아주 잘되지는 않더라도 낮은 매매가, 낮은 임대료로 조용하게 유지할 수 있는 이점이 있는 반면, 높은 분양가와 높은 임대료의 C 상가의 경우 상가 투자자뿐만 아니라 임차인도 힘들게 만들 수 있다.

동선 ③
시작점을 확인한다

동선을 제대로 파악하기 위해서는 그 시작점을 알아야 한다.
아파트 출입구의 위치를 확인하는 데서 시작한다.

같은 배후 수요를 가졌지만 유효 수요의 흐름인 동선에 따라 상가로 실제 유입되는 유효 수요에 차이가 나면서 상가 가치가 달라진다. 그만큼 동선이 중요하다. 그리고 동선의 특징을 감안해 동선을 예측할 때 동선의 시작점을 확인할 필요가 있다.

동선이 어디서 시작되느냐에 따라 동선 예측이 달라진다. 아파트의 경우 동선의 시작점은 아파트 출입구다. 배후에 아파트가 있다고 해서 상가로 유입되는 것은 아니다. 출입구가 없는 아파트 라인은 담벼락과 같아서 수요의 단절을 의미한다. 그래서 아파트 출입구의 위치를 먼저 파악하는 것이 중요하다. 제과점, 커피전문점, 개인 병원, 학원, 공인중개사사무소 등은 아파트 출입구와 마주한 상가를 선호한다.

다음 그림은 앞에서 배후 수요 분석을 했던 동탄신도시 시범단지의 중심상업지역 상권 중 하나인 남광장 상권이다(동탄신도시 시범단지 중심상업지역은 북광장과 남광장 상권으로 나뉘어져 있다).

남광장 상권의 배후 수요 범위에는 시범포스코더샵아파트(이하 '포스코아파트'), 롯데대동대숲캐슬아파트(이하 '롯데아파트'), 시범다은삼성래미안아파트(이하 '래미안아파트'), 서해그랑블아파트(이하 '서해아파트'), 경남아너스빌아파트(이하 '경남아파트')이며 (그림에는 나오지 않았지만) 래미안아파트 왼쪽에 있는 시범우남퍼스트빌아파트, 서해아파트 왼쪽에 있는 휴먼시아 5단지 아파트 일부가 포함된다.

남광장 상권에 있는 A 상가와 B 상가 중 어느 상가가 투자에 더 좋을까? 배후 수요와 동선을 안다면 B 상가보다 A 상가가 더 좋다는 것을 직감적으로 알 수 있을 것이다. 이번에는 동선의 시작점인 아파트 출입구까지 확인하면서 동선을 제대로 분석해보자.

아파트에는 자동차와 보행자가 다니는 출입구가 있다. 세대가 많으면 출입구가 3개 이상 되는 대단지도 있다. 보행자만 다니는 보행자 전용 출입구인 쪽문도 있는데 의외로 출입구가 아닌 쪽문을 이용하는 유효 수요가 많다.

다음 그림을 한번 보자. 서해아파트와 경남아파트의 쪽문은 아파트 단지 대각선 모퉁이에 있는데 남광장의 상가를 이용하려는 유효 수요는 쪽문을 이용해 횡단보도를 건넌다. 롯데아파트, 포스코아파트, 래미안아파트의 유효 수요까지 남광장으로 가기 위해 A 상가 쪽으로 이동한다. 유효 수요는 다수의 사람들이 이용하는 큰 상권, 핵심 상가에 간다. 같은 배후 수요 범위의 남광장 상권에서 유효 수요의 동선 상가는 B 상가가 아닌 A 상가다.

[A 상가와 B 상가의 동선 분석]

B 상가의 직접적인 배후 수요가 될 아래쪽 경남아파트를 보자. 출입구와 쪽문이 B 상가를 향하고 있지 않다. 왼쪽 쪽문은 A 상가 쪽을, 오른쪽 쪽문은 길 건너 동탄복합문화센터로 향하고 있어서 B 상가가 제대로 흡수하기 힘들다. 지도만 보면 경남아파트에서 B 상가로 많이 유입될 것 같지만 실제로는 B 상가와 마주 보는 경남아파트 라인은 담벼락처럼 되어 있어서 단절현상이 나타나고 있다. 출입구에서 출발하는 유효 수요는 B 상가가 아닌 A 상가로 향하고 있다.

A 상가의 경우 주변 상권이 넓지만 B 상가의 경우에는 조금만 더 가면 상권의 마지막에 도달하면서 유효 수요의 흐름을 이어갈 수 없기 때문에 사람들은 B 상가보다 A 상가 쪽으로 많이 갈 것이다.

다음의 실제 모습을 보면 확연하게 다른 상가 분위기를 알 수 있다. 특히 B 상가의 맞은편인 경남아파트의 담벼락을 보면 완벽하게 유효 수요의 단절이 발생하고 있음을 알 수 있다.

[A 상가와 B 상가의 실제 모습]

흐르는 자리 ①
사람들이 지나쳐서 가는지 파악한다

배후 수요와 동선이 확보되어도 유효 수요의 흐름 속도가 빨라서
사람들이 지나쳐 버리면 좋은 상가가 될 수 없다.
이러한 유효 수요의 흐름을 파악해야 '흐르는 자리'에 대해 알 수 있다.

성공적인 상권 분석을 위한 배후 수요와 동선 분석까지 알아봤다. 이제는 상권 분석의 마지막 단계이자 유효 수요의 이동 속도인 '흐르는 자리'에 대해 알아보자.

적절한 배후 수요를 확보하고 있고 동선이 좋은데 이상하게 장사가 잘되지 않는 상가도 많다. 몇 년 전, 현장 조사를 위해 ○○역에 내린 적이 있었다. 엄청나게 많은 유동 인구가 눈에 띄었다. 인파를 따라 걸어가던 중에 만두가게를 발견했다. 배가 고프기도 했고 만두를 좋아하는 필자가 그냥 지나칠 리가 없다. 만두를 사먹으면서 장사가 잘되는지 물어봤다. 잘되지 않는다는 솔직한 답을 들었다. 지하철역에서 나오는 유동 인구가 많은데도 장사가 안 된다니 이상하지 않은가?

주변을 둘러보니 만두가게는 흐르는 자리에 있었다. 장사가 잘되기 힘든 위치였다. 흐르는 자리의 경우 유효 수요의 이동 속도가 빨라서 해당 유효 수요를 상가로 흡수하기 힘들다. 그냥 지나쳐 버리기 때문에 그림의 떡 같은 상황이 된다.

만두가게 주인은 한 달 전에 권리금 1,000만 원을 주고 시작했다고 한다. 출퇴근 시간 때 엄청나게 많이 지나가는 유효 수요를 보면서 열심히 하면 성공할 수 있겠다는 생각을 했을 것이다. 지하철역에서 시작해 ○○신도시로 가는 환승버스를 타러 가는 길목이었기 때문에 동선은 괜찮았다. 그런데 유효 수요의 이동 속도까지는 미처 생각하지 못했던 것 같다. 흐르는 자리이다 보니 장사가 생각처럼 쉽지 않을 것이다.

이왕 시작했으니 지나가는 유효 수요의 눈길을 잡기 위해서라도 만두를 찌면서 발생하는 수증기를 보여주거나 만두 만드는 모습을 보여주는 것이 좋겠다는 제안을 했다. 그런데 주인은 기존에 자신이 하던 대로(만두를 만들어 놓았다가 손님이 오면 찌는 방식) 하겠다고 무덤덤하게 말했다. 김이 모락모락 나고 만두 빚는 모습을 보면 없던 식욕도 생기는 바람에 지나가던 발걸음을 멈추고 사먹는 사람들이 생길 텐데 기존 방식을 고수한다고 하니 안타까웠다. 그 후 몇 달이 지나 다시 갈 일이 있어서 가봤더니 그 만두가게는 폐업하고 없었다.

이렇듯 많은 유동 인구가 있어도 유동 인구의 이동 속도가 빨라 제대로 유입되지 않는 바람에 기대처럼 매출 증가에 도움이 되지 않는 상가 자리를 '흐르는 자리'라고 한다.

다음 그림을 보자. 더블 역세권(3호선, 6호선)인 연신내역과 불광역 사이에 있는 연신내 상권과 불광 상권이다.

[연신내 상권과 불광 상권 사이의 흐르는 자리]

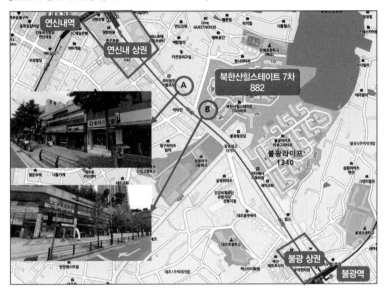

연신내 상권과 불광 상권은 역세권 상권이므로 나름 좋은 상권이라고 할 수 있지만 이 역세권 상권만 벗어나면 상권의 질이 확연하게 차이 난다. 지하철역 사이에 있는 A 상가와 B 상가는 전형적으로 유효 수요가 빨리 지나가는 흐르는 자리에 있다고 할 수 있다. 같은 흐르는 자리이지만 그래도 A 상가와 B 상가 중에 어디가 더 좋은지 묻는다면 B 상가가 더 좋다고 볼 수 있다. B 상가는 882세대 북한산힐스테이트 7차 아파트라는 배후 수요를 갖고 있어서 안정적인 유효 수요를 확보하고 있기 때문이다.

흐르는 자리의 특성상 유동 인구가 소비를 많이 일으키지는 않지만 자체 고정적인 유효 수요가 소비를 해주므로 B 상가는 어느 정도 매출 확보가 가능하다. 그래서 A 상가보다 좀 더 유명한 업종이 입점해 있다.

연신내역에서 A 상가와의 거리는 300미터 정도로 걸어서 5분 거리지만 안타깝게도 연신내 상권은 선으로 표시된 부분까지다. A 상가는 역세권 상권이 아니라 흐르는 자리의 상가라고 할 수 있다. 결과적으로 A 상가와 B 상가 모두 흐르는 자리이지만 그나마 B 상가는 고정적인 배후 수요를 확보하고 있으므로 A 상가보다 좋다고 할 수 있다.

실제 A 상가와 B 상가를 보면 일반적인 상가와는 확연히 다른 분위기를 알 수 있다. 도로가 넓고 차량 속도가 빠르며 인도와 차도 분리대 설치로 인해 차량 정차나 주차가 어려운 흐르는 자리의 특성을 보이고 있다. 그런데도 A 상가의 경우 필요한 소비자가 알아서 찾아오는 가발가게 등 목적형 업종의 상권이 형성되었고 B 상가의 경우 고정적인 유효 수요 확보 덕분에 흘러가는 자리인데도 휴대폰 매장, 편의점 등 동네 상권의 모습을 갖고 있다.

흐르는 자리 ②
특징을 바탕으로 분석한다

흐르는 자리가 무엇인지 알았다면 흐르는 자리만의 특징은 무엇인지를 알아야 한다.
그 특징을 바탕으로 해당 상권을 분석하면 좀 더 투자 유무를 분석할 수 있다.

흐르는 자리에 있는 상가의 앞을 지나가는 유효 수요의 이동 속
도는 빠르다. 그래서 상권을 분석할 때 흐르는 자리를 파악하는 것
이 중요하다. 흐르는 자리가 형성되는 상가에는 다음과 같은 특징
이 있다.

첫째, (흐르는 자리에 있는) 상가를 지나가는 유효 수요에는 목적
이 있다. 출퇴근을 지하철로 한다고 해보자. 지하철을 타기 위해 지
하철역으로 빨리 가야 하는 와중에는 눈길을 돌려 커피나 빵을 사
먹을 시간과 마음의 여유가 없다. 아침 출근 시간 10분이 얼마나 소
중한지 직장인이라면 다 공감할 것이다. 저녁 퇴근 시간도 마찬가
지다. 집으로 빨리 가서 쉬고 싶지 상가에 기웃거릴 사람은 많지 않
다. 약속이 있어서 지하철역이나 버스 정류장으로 향할 때에도, 집

근처의 슈퍼마켓에서 장을 봤을 때에도 집으로 가는 발걸음은 빠를 수밖에 없다.

둘째, 역과 역 사이 어중간한 위치에 자리 잡고 있다. 지하철역 대부분은 사람들의 주요 목적지가 되는데 그 영향으로 지하철역 주변에는 역세권 상권이 형성된다. 그런데 지하철역과 다음 지하철역 사이는 흐르는 자리가 되면서 어설픈 상권이 형성된다. 이런 상권에는 소비자가 찾아오는 업종, 즉 목적형 업종 중심으로 형성될 가능성이 높다. 사람들이 지나쳐 버리는 자리니 유명한 프랜차이즈가 들어올 가능성은 낮다. 이런 상권에는 가구점, 자동차 대리점, 전자제품 수리센터, 한복 등 특수 의류 판매점, 배달전문점 등이 입점할 것이다.

셋째, 차량 이동 속도가 빠르고 주차가 어렵다. 가족단위의 손님까지 생각한다면 주차공간이 있거나 주차가 용이해야 한다. 그런데 주차공간이 부족하거나 주차 또는 정차를 할 수 없다면, 차도와 인도 사이에 분리대가 있어 진입 자체가 어렵다면 사람들은 지나칠 가능성이 높다.

마지막으로 상권이 작아서 소비를 할 만한 업종이 주변에 제대로 형성되지 않았다. 그래서 사람들이 다양한 업종이 형성된 큰 상권으로 이동하기 위해 지나가는 길에 있는 상가라면 흐르는 자리에 있다고 할 수 있다.

다음 그림을 보자. 지하철 2호선 서초역과 예술의 전당 사이 반포도로의 한 상가다(필자가 노트북 수리를 받기 위해 간 수리센터가 2층에 있다).

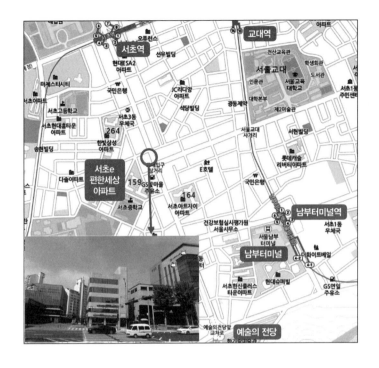

　이 상가는 나름 코너 자리에 있고, 159세대 서초e편한세상아파트를 배후 수요로 확보하고 있다. 상권에 비해 세대수가 부족하다고 볼 수도 있다. 그런데 서초역과 교대역이 도보로 10~15분 정도로 가깝고 예술의 전당 상권으로도 갈 수 있으며 차량 통행이 많은 반포대로를 끼고 있어서 유동 인구에 따른 유효 수요 확보가 가능할 여지가 있다. 동선의 관점에서 보면 이동하는 수요가 서초역, 서울교대, 예술의 전당 상권으로 분산되기는 하지만 나쁘다고 할 정도는 아니다. 나름 괜찮은 상권이라고 볼 수 있겠지만 좀 더 자세히 보면 이 상가가 있는 상권은 흐르는 자리라는 것을 알 수 있다. 다음 페이지 그림을 보자.

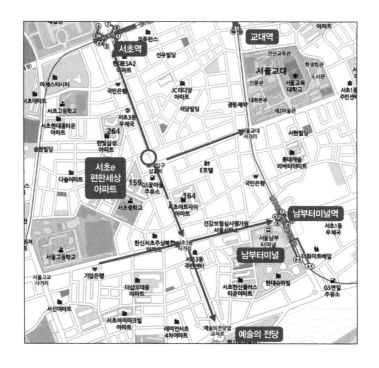

서초역과 예술의 전당, 서울교대와의 거리가 어중간하다. 중간에 위치해 있어서 이 상가 앞을 지나가는 유효 수요는 보통 발걸음이 빠르다. 머무르기 위해서가 아니라 목적지에 가기 위해서다. 목적(노트북 수리)이 있는 필자처럼 서초역에서 내린 다음, 목적지로 빨리 걸어가거나 수리 후에 다시 지하철역으로 빨리 이동하려는 사람이 많을 것이다. 상권 내 업종만 봐도 흐르는 자리라는 것을 알 수 있다.

예술의 전당 쪽으로 가서 보면 수입차 대리점이 즐비하고 주유소, 골프용품점 등 전형적인 목적형 상권으로 형성되어 있다. 해당 서비스가 필요한 소비자들이 직접 찾아가는 목적형 업종이 많다. 눈에 띄는 부분으로는 수입차 대리점이 모여 있는 수입차 거리다. 수입차를 구매하거나 관심이 있어 찾아오는 유효 수요가 서초역에서 내려 20분 이상 걸을 리 만무하다. 그렇다고 마을버스를 타고 수입차 보러 올 가능성도 별로 없다. 대부분 자신의 승용차를 타고 목적지로 정한 수입차 매장으로 갈 것이다.

앞에서 말했던 흐르는 자리의 특징이 잘 보이는 상권이라고 할 수 있다. 목적이 있는 유효 수요가 많으며 역과 역(주요 목적지) 사이이며 목적형 상권이 형성되어 있다. 그리고 우면산터널에서 나오는 차량이 많고 이동 속도도 빠르다. 또한, 좀 더 큰 상권인 서초역, 교대역, 예술의 전당 주변으로 유효 수요를 뺏길 수 있다.

종합적으로 분석해야
제대로 파악할 수 있다

지금까지 배후 수요 분석, 동선 분석, 흐르는 자리 분석에 대해 각각 알아봤다.
이번에 실제 사례를 통해 상권 분석을 종합적으로 해보도록 하자.

다음 그림의 A는 용산세무서 옆 상가이다. 6차선 대로변에 피자
가게와 식당, 공인중개사사무소 등이 입점해 있으며 길 건너편에는

용산시티파크아파트, 용산파크타워아파트가 있으며 아래쪽에는 유명한 동부이촌동의 아파트 단지가 꽤 많이 있다. 이 정도면 괜찮은 상가라는 생각이 든다.

배후 수요부터 분석해보자. 용산시티파크 1단지 아파트 421세대와 2단지 아파트 208세대, 용산파크타워 1단지 아파트 888세대 중 일부 세대를 배후 수요 범위에 포함시킬 수 있다. 여기에다 옆에 있는 60세대 철우아파트와 아래쪽 빌라들도 배후 수요가 될 수 있으며 2020년에 완공한 용산센트럴파크해링턴스퀘어 1,140세대 중 일부 세대도 추가적인 배후 수요가 된다. 그런데 기대했던 아래쪽 동부이촌동의 아파트들은 배후 수요가 될 수 없다. 왜냐하면 4호선은 지하 구간이지만 경의중앙선 부분은 지상 구간이라서 상권이 단절되기 때문이다. 아쉽지만 그래도 이 정도 배후 수요라면 500세대 이상은 확보할 수 있으므로 해볼 만한 괜찮은 상가가 될 가능성은 있다.

이제 유효 수요의 흐름 방향인 동선을 분석해보자. 다음 페이지 그림에서 알 수 있듯이 유효 수요는 각 아파트 출입구에서 나와 용산역, 신용산역, 이촌역을 향하게 된다.

용산시티파크 1단지 아파트와 2단지 아파트, 2020년에 완공한 용산센트럴파크해링턴스퀘어의 배후 수요 동선은 아쉽게도 A 상가가 아니라 용산역과 신용산역 방향이다.

용산파크타워 1단지 아파트의 배후 수요는 이촌역으로 향하며 일부는 횡단보도를 통해 A 상가로 유입될 수는 있다. 하지만 아파트 단지에 상가들이 고급스럽게 형성되어 있어서 단지 내 상가가 자체적으로 흡수할 가능성이 높다.

마지막으로 유효 수요의 속도가 빨라서 흐르는 자리가 될 가능성은 없는지 살펴보자. 신용산역과 이촌역 사이에 차량 속도가 빠르고 주·정차가 어려운 대로변에 있으며 대형 상권인 용산역 상권에 비하면 매우 작은 상권 규모다. 전형적인 흐르는 자리의 특성을 갖고 있으며 목적형 업종이 입점해 있다.

유명 피자가게가 있는데 왜 목적형 업종의 상권이라고 하는지 반문할 수 있겠다. 유명 피자가게는 맞지만 자세히 보면 방문 손님을 받는 대형 매장이 아니라 배달을 전문으로 하고 있다. 배달전문점이므로 군이 임대료가 비싼 상가에 입점할 이유는 없으므로 해당 상가의 임대료는 상대적으로 낮다는 것을 알 수 있다.

A 상가의 경우 대로변에 위치해 있고 주변에 고급 아파트가 많아서 겉으로 보기에는 입지가 좋다고 생각할 수 있겠지만 배후 수요, 동선, 흐르는 자리 분석까지 종합적으로 해보니 기대와 달리 입지가 좋다고 보기 힘들다는 결론을 내릴 수 있다.

상가 취득세와 양도세

상가 취득세

상가 취득 시 발생하는 세금을 말한다. 상가 취득세(이하 '취득세')에 농어촌특별세, 교육세가 추가된다.

유흥주점, 고급 오락장 등은 12%의 중과 취득세율이 적용되는데 취득 후에도 5년 이내에 임차인이 중과 대상 업종에 해당되면 취득세 중과세가 소급 적용이 되어 추징당할 수도 있기 때문에 주의가 필요하다.

구분		취득세	농어촌특별세	교육세	합계
유상 취득	일반 세율	4%	0.2%	0.4%	4.6%
	중과 세율	12%	0.2%	1.2%	13.4%
신축		2.8%	0.2%	0.16%	3.16%
상속(농지 외)		2.8%	0.2%	0.16%	3.16%
증여		3.5%	0.2%	0.3%	4.0%

취득일로부터 60일 이내에 물건지가 있는 시, 군, 구청에 납부해야 하며, 취득일로부터 30일 이내에 등기하는 경우에는 취득세를 50% 분납할 수 있다. 납부 기한을 넘기면 신고 불성실 가산세(20%)와 납부 불성

실 가산세(1일 10,000분의 3)을 추가해야 하기 때문에 반드시 기한 내 납부한다.

취득세 납부 내역은 향후 양도세 필요 경비 자료로 사용할 수 있으므로 보관한다. 취득세의 기준이 되는 취득 시기는 다음 표에서 보듯이 여러 경우가 있지만 대부분 잔금 후 등기를 하기 때문에 잔금 지급일이 원칙이다.

구분	취득일
정상 거래	잔금 지급일
잔금일 전에 등기	등기 접수일
잔금 지급일 불분명	등기 접수일
무상 승계	계약일
상속	상속 개시일
증여	증여 계약일

취득세 과세표준은 실제 신고 거래가액 기준이 원칙이며 신고가액이 시가표준액(기준 시가)보다 낮거나 상속, 증여의 경우에는 시가표준액이 과세표준이 된다. 대부분 시가표준액이 매매 가격보다 낮으므로 당연히 매매 가격이 과세표준이 된다고 생각하지만 가끔씩 시가표준액이 매매 가격보다 높은 경우도 있다. 매매 가격이 8억 원인 상가를 취득한 고객이 있었다. 그런데 기준 시가가 10억 원이어서 10억 원에 대한 4.6%인 4,600만 원을 취득세로 냈다.

상가 양도세

상가 양도(소득)세 (이하 '양도세')는 양도차익에 대한 세금을 말한다. 양도할 때 취득가액 대비 남는 금액이 있는 경우에 부과되며, 양도일이 속하는 달 말일부터 2개월 내 신고를 해야 한다. 그러면 다음 해 5월에 확정 신고를 한다.

양도세 계산은 다음과 같다. 실제 거래가액을 기준으로 부가가치세를 제외한 양도가액에 취득가액과 필요 경비(취득세 등)를 뺀다. 그런 다음, 양도차익에 장기보유특별공제, 기본 공제(250만 원)를 뺀 과세표준에 세율을 곱하고 누진공제액을 빼면 양도세 산출 세액을 구할 수 있다.

상가의 과세표준에 대한 양도세율은 다음 표에서 보듯이 보유 기간이 1년 미만이면 50%, 2년 미만이면 40%, 2년 이상 보유하면 일반 세율이 적용된다. 상가는 주택처럼 양도세 비과세는 없으나 여러 상가를 보유한다고 중과세가 적용되지 않는다.

[상가 양도세율 및 누진공제액]

구분	과세표준 기준	세율	누진공제액
1년 미만 보유	토지, 건물, 분양권	50%	–
2년 미만 보유	토지, 건물, 분양권	40%	–
2년 이상 보유	1,200만 원 이하	6%	–
	4,600만 원 이하	15%	108만 원
	8,800만 원 이하	24%	522만 원
	1억 5,000만 원 이하	35%	1,490만 원
	3억 원 이하	38%	1,940만 원
	5억 원 이하	40%	2,540만 원
	10억 원 이하	42%	3,540만 원
	10억 원 초과	45%	6,540만 원

오래 보유했던 양도인에 대해 일정 부분 공제해주는 제도인 장기보유특별공제의 경우 1주택자가 10년 이상 보유하면 80%까지 공제해주는 주택과 달리 10년 이상 보유해도 최대 30%까지 적용된다.

양도가액은 2007년부터 무조건 실제 거래가를 기준으로 과세하는 것이 원칙이다. 실거래가액이 기준 시가보다 낮더라도 그 거래가 실제 이뤄진 것이라면 문제없다. 예전에는 양도세를 줄이기 위해 양도가액을 낮추는 다운 계약을 했는데 지금은 엄연한 불법으로 보고 적발되면 40%의 가산세와 취득세의 1.5% 한도 내에서 과태료 제재를 받는다.

취득세와 환급을 받지 못한 부가가치세, 법무사 비용, 중개수수료, 채권 할인 비용 등의 필요 경비는 양도세 절세 때 중요하므로 반드시 입증 서류에 근거해 실제 지출된 사실이 확인되어야 한다. 종합소득세 신고 시 비용 처리를 했거나 자산으로 등재 후 감가상각비로 처리했다면 이중 공제가 허용되지 않으므로 양도소득세 계산 시 필요 경비에서 뺀다.

상가와 주택이 혼합된 상가주택의 경우에는 주택과 상가의 연면적을 종류별로 합산해 과세한다. 주택 면적이 상가 면적보다 크다면 전체를 주택으로 간주해 주택 양도세가 부과됐다. 하지만 2020년 세법 개정안에 따라 2022년부터 주택 면적이 상가 면적보다 커도 전체를 주택으로 인정하지 않고 주택과 상가를 분리해 과세한다.

제 3 장
아무도
알려주지 않는
상가 투자 노하우

앞에서 상가 투자의 핵심 기술인 상권 분석 3단계에 대해 알아봤다. 상권 분석에 대한 감은 잡았다고 생각된다.
이번 장에서는 본격적으로 상가 투자 전략을 어떻게 세워야하는지에 대해 알아보고자 한다. 내게 맞는 투자 전략부터 상가 투자자라면 알아야 하는 법칙, 상가에 적합한 업종 분석법까지 현장에서 필요한 상가 투자의 노하우를 바탕으로 성공 확률을 더욱 높일 수 있을 것이다.

내게 맞는
상가 투자 전략

상가 투자자의 조건과 상황에 따라 투자 전략은 달라야 한다.
상가 창업자인지, 상가 투자자인지에 따라서도 투자 전략은 달라진다.

상가 투자를 하려는 사람들 대부분은 유동 인구가 많은 지역의 상가가 좋은 상가라고 말한다. 틀린 말은 아니다. 유동 인구가 많을수록 장사가 잘될 것이니 월세를 잘 받을 수 있고 공실 걱정에서도 자유로울 수 있기 때문이다. 설령 공실이 되어도 새로운 임차인을 빨리 구할 수 있다. 배후 수요가 확보되고 동선에 위치한 상가는 당연히 좋은 상가이다. 그런데 이처럼 누가 봐도 좋은 상가는 매매 가격이 높아서 임대 수익률이 생각처럼 높게 나오지 않는다.

'무조건 좋은 상가에 투자한다'보다 내가 현재 갖고 있는 자금 등의 상황과 고정적인 수익을 원하는지 등의 조건에 맞게 투자 전략을 세워야 한다. 자금이 풍부하고 공실 위험을 낮추고 싶다면 좋은 상권에 있으면서 동선상의 상가에 투자하면 된다. 자금은 좀 부족하지만 사정상 임대 수익을 더 받고 싶다면 상권은 다소 떨어지지만 업종에 따라 임대료를 잘 받는 상가, 수도권이나 지방의 상가에 눈을 돌려도 좋다. 1층만 고집할 것이 아니라 2층 이상의 상가에도 관심을 가져본다.

당연한 말이지만 회사를 그만두고 고정적인 월세가 반드시 필요한 사람이라면 시세 차익보다는 임대 수익에 더 큰 비중을 둔다. 그리고 서울의 1층 상가만 고집하지 말고 수도권 외곽이나 지방 등의 임대 수익률이 높은 상가를 선택한다. 곧 퇴사할 상황이라서 당장 생활비를 걱정해야 하는데도 시세 차익을 얻을 수 있는 상가를 찾아달라는 예비 투자자도 있다. 임대 수익과 투자 수익, 두 마리 토끼를 잡기는 현실적으로 어렵다. 앞에서 설명한 '5%의 법칙(임대 수익률과 투자 수익률의 합이 5%)'을 잊지 말자. 임대 수익률이 높으면 투자 수익률이 낮을 수밖에 없고, 투자 수익률이 높으면 임대 수익률이 낮아질 수밖에 없다. 고정적인 수입이 있어서 굳이 높은 임대료가 필요 없거나 현재 소득이 높아서 (소득구간에 따른 소득세율 때문에) 월세 많이 받아봐야 세금이 많이 나올 것 같다면 임대 수익보다는 시세 차익이 가능한 상가를 사는 것이 맞다. 넓은 대지를 확보하고 있어서 지가 상승이 기대되고 향후 신축할 수 있는 상가나 대지 지분이 커서 재개발 또는 재건축 가능성이 있는 상가라면 임대 수익률이 2% 이하가 나와도 관심을 가져야 한다.

병원을 운영하는 한 고객이 있었다. 현재 수입이 최고 소득구간에 속하기 때문에 임대 수익률은 필요 없고 향후 시세 차익을 기대할 수 있는 상가 추천을 의뢰했다. 아주 현실적이면서 적절한 투자 기준을 세우고 있었다. 투자 이후 자신의 상황에 맞는 좋은 결과를 얻었다.

상가 창업자와 상가 투자자에 따른 투자 전략

상가를 구입하려는 당사자가 상가 투자자인지, 상가 창업자인지도 매우 중요하다. 상가 투자자의 경우 임대 수익이나 투자 수익을 원하는, 오직 투자가 목적이다. 상가 투자자에게 있어 (상가 투자자가 구입한) 상가에 입점해 장사하면서 월세를 내는 임차인은 (상가 투자자의) 주 고객이다. 그리고 상가에서 소비를 일으키는 유효 수요는 임차인의 주 고객이 된다.

반면 상가 창업자는 구입한 상가에서 직접 장사를 하려는 목적을 갖고 있다. 그래서 상가 창업자의 주 고객은 소비를 일으키는 유효 수요다. 무슨 차이가 있는지 반문할 수 있지만 분명 큰 차이가 있다.

예를 들어 보자. 법원이 이전하면서 생기는 법조 타운의 상가는 투자 가치가 있을까? 법조 타운 같은 관공서 상권의 경우 점심시간에는 관공서 상주 인원과 민원인들로 인해 유효 수요가 넘쳐나지만 저녁 시간에는 관공서가 문을 닫는 바람에 유효 수요가 급격히 감소한다. 특히 '부정 청탁 및 금품 등 수수의 금지에 관한 법률(일명 김영란법)' 시행으로 접대 문화가 많이 사라지면서 저녁 시간 때 영업은 더욱 타격을 받고 있다.

주말이 되면 평일 낮과 정반대의 현상이 벌어진다. 마치 유령 도시처럼 변한다. 점심시간에 북적대는 모습만 보고 장사를 시작했다가 낭패를 본다. 점심 낮 장사만 해서 한 달 월세를 낸다는 것은 매우 어렵다. 그렇다면 법조 타운 근처의 상가는 투자할 가치가 없는 것일까?

그렇지 않다. 상가 창업자에게는 주 고객인 유효 수요가 점심시간에만 집중이 된다는 심각한 단점이 발생하지만 상가 투자자라면 상황이 달라진다. 주 고객은 일반적인 유효 수요를 상대로 장사하는 사람이 아니라 법조 타운을 대상으로 영업하는 법무사, 변호사가 월세를 내는 임차인이 된다. 법조 타운 근처에는 변호사, 법무사의 사무실 수요가 많아서 2~3층도 임대 수익을 안정적으로 확보할 수 있다. 내가 음식점이나 커피전문점을 할 것도 아니므로 법조 타운 앞 1층 상가의 배후 수요와 동선, 흐르는 자리를 신경 쓸 필요는 없다. 임차인이 음식점을 하든지, 변호사를 하든지 상가 임대료만 잘 받으면 된다.

이번에는 상가 창업자를 예로 들어 보자. 동선에 있어서 임대료가 높은 A 상가와 임대료는 낮지만 동선에 있지 않은 B 상가가 같은 상권에 있다. 호텔 일식 주방장 출신이라 음식에 자신이 있는 내가 일식전문점을 차린다면 어느 상가를 선택하는 것이 좋을까? 동선에 위치한 상가가 좋다고 했으니 A 상가를 선택해야 한다고 생각할 수 있지만 이런 경우에는 B 상가를 선택하는 것이 맞다.

동일한 상권 내 동선에 위치한 A 상가가 좋지만 당연히 동선이 아닌 B 상가보다 임대료가 훨씬 높을 것이다. 일식전문점은 맛있고 서비스가 좋다는 입소문만 나면 손님들이 알아서 찾아온다. 그러므로 맛과 서비스에 자신이 있다면 굳이 높은 임대료로 고정비 부담이 큰 A 상가보다 임대료는 낮지만 자신의 역량으로 입지의 단점을 극복할 수 있는 B 상가를 선택하는 것이 훨씬 더 효율적인 상가 투자가 된다.

보통 동선에 있고 유효 수요가 많이 유입되는 상가는 어떤 장사를 해도 대부분 잘되기 때문에 매출이 잘 나오고 안정적인 임대료를 얻을 수 있으므로 좋은 상가라고 하지만 그만큼 매매 가격이 높다. 여러 상황과 조건을 고려하지 않은 채 유효 수요 분석에 따른 상가 분석만 일방적으로 고집하지 말고 상가를 구입하려는 자신이 상가 창업자인지, 상가 투자자인지 결정한 다음, 그 결정에 따라 상가의 주 고객과 상권의 특성에 맞는 적절한 상가 투자 전략을 세운다.

100% 완벽한
상가는 없다

내가 원하는 조건에 100% 완벽한 상가는 없다.
무조건 100%를 고집하지 말고 내 조건에 80% 정도 맞는 상가를 찾는다.

"3억 원으로 월세 200만 원 나오는 상가 좀 찾아주세요."

보증금을 제하더라도 임대 수익률 8%의 상가를 찾아달라는 말이다. 서울에서 수익률 8% 나오는 상가는 거의 없다. 입지는 좋지 않은데 특수한 업종이 입점해 있어서 특별히 월세가 잘 나오는 상가라면 모르겠지만 일반적으로는 쉽지 않다.

그런 상가는 없다고 하자 "그 돈으로 서울에서 상권이 좋은 지역의 1층 상가를 살 수 있지 않을까요?"라고 묻는 것이 아닌가? 그 말은 강남의 전용 면적 84m^2짜리 아파트를 10억 원에 사겠다는 말과 같다. 한마디로 없는 물건을 찾아달라는 것이다.

소중한 나의 자산이 들어가므로 더욱 신중해지고 최대한 좋은 상가를 찾고 싶은 마음은 충분히 이해한다. 하지만 현실에서는 투자

자금에 맞춰 최선의 선택을 해야 한다. 누구나 좋아하고 선호하는 상권 좋고 임대료 잘 나오는 1층 상가는 당연히 가격이 비싸다. 사실 서울 내 1층 상가는 상가 투자자라면 누구나 1순위로 생각한다. 1층 상가에 입점이 가능한 업종이 매우 다양하기 때문에 공실이 생겨도 다른 임차인을 구하기 쉽고 팔 때도 잘 팔린다. 내 눈에도 좋아 보이면 다른 사람 눈에도 좋아 보인다.

어쩌면 내 마음에 100% 드는 상가는 이 세상에 존재하지 않을 수도 있다. 내 마음 속에만 있는 파랑새일 뿐이다. 그래서 투자할 상가를 찾는다면 100%가 아닌 80% 이상을 기준으로 잡는 것이 좋다. '간판이 잘 보이지 않을 것 같다', '상가 인테리어가 마음에 들지 않는다', '공용 화장실이 지저분하다' 등 마음에 들지 않는 별의별 이유를 대는데 대세에 영향을 주지 않는 부분은 과감하게 고려 대상에서 뺀다.

자신이 상가 투자자인지, 상가 창업자인지를 우선 확인한 다음, 충동형 상권인지 목적형 상권인지 상권의 상황과 조건에 맞는 상가를 찾는다. 그리고 배후 수요와 동선, 흐르는 자리 등 상권 분석 3단계를 통해 80% 정도 만족한다는 결론이 내려지면 투자를 결정해도 된다.

상권 분석에서도 지나치게 완벽한 '100% 충족'을 찾지는 말자. 예를 들어, '아파트 500세대 기준'에 대해 480세대라면 안 되고 501세대라면 괜찮다는 식으로 보지 않는다. 상권 분석의 성공 확률을 높이기 위한 수단으로 배후 수요, 동선, 흐르는 자리 등을 활용하는 것인지 마치 절대 법칙인 양 맹신해서는 안 된다.

다음 그림을 보자. 배후 수요는 1,290세대(786세대+504세대)로 충분하지만 아쉽게도 주요 도로가 아닌 이면도로에 있어 동선에서 벗어나 있다.

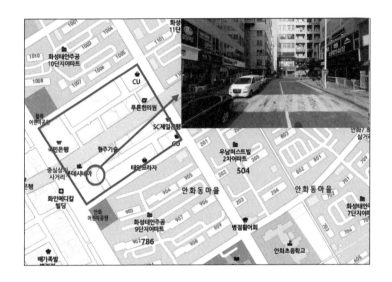

그런데 한 상가 투자자가 과감하게 경매에서 낙찰을 받았다. 동선에서 벗어난 상가인데 왜 낙찰을 받았을까? 보증금 1,000만 원에 월 70만 원인 상가를 8,000만 원에 낙찰을 받았는데 단순 계산을 해도 임대 수익률이 12%가 나온다.

있을 수 없는 상가 수익률이다. 그것도 1층이다. 수익률이 높다는 것은 임대료가 높거나 매매 가격이 낮다는 것인데 주변 시세보다 임대료가 20~30만 원 정도 낮았다. 미용실이 입점해 있는데 몇 년 동안 꾸준히 장사를 한 것으로 봐서 단골손님도 어느 정도 확보되었다고 볼 수 있다. 동선에서는 다소 벗어나 있지만 이 정도 조건이면 충분히 해볼 만하다고 투자자는 본 것이다.

상가 투자자는 주변 시세에 맞추기 위해 월세 20만 원 인상을 요구했다. 미용실 사장은 인상해도 주변 시세와 비슷하고 단골손님도 확보된 마당이니 인상 요구를 받아들였다. 보증금 1,000만 원에 월 90만 원 상가가 된 것이다. 동선에서 다소 벗어났어도 수익률 6%에 맞추면 차후에 매매할 때 1억 8,000만 원 이상은 받을 수 있을 것이다. 배후 수요가 어느 정도 확보되었고 임차인이 단골손님을 만들 정도로 장사를 잘하고 있다면 동선에서 약간 벗어났다는 단점을 어느 정도 상쇄할 수 있다.

이렇듯 상가 투자를 할 때에는 100% 완벽한 물건만 고집하지 말고 80% 이상 만족된다면 나머지 20%를 보충시켜줄 다른 점을 찾으면서 좀 더 긍정적인 판단을 해도 좋다.

생각처럼, 계획처럼
되지 않는다

투자할 때에는 자신에게 유리한 대로 해석하는 왜곡 인지를 의외로 많이 한다.
하지만 내 생각처럼, 계획처럼 되지 않는 경우가 많으므로 투자 계획은 안정적으로 세운다.

얼마 전에 신도시에 분양 중인 상가에 투자하고 싶다는 P를 만났다. P는 다음 페이지 표와 같이 아주 상세한 투자 계획서를 갖고 와서는 이렇게 투자하고 싶은데 어떤지 필자에게 물었다.

현재 보유하고 있는 2억 원으로 상가 계약금을 내고 중도금 대출을 받은 다음, 잔금 지급 시 상가 분양가 8억 원의 50% 정도인 4억 원을 대출받는다. 또한, 1년 동안 저축한 2,000만 원과 1년 후 돈이 생긴 부모에게 1억 원을 받고 보증금으로 1억 원을 받으면 상가 분양을 받는데 큰 문제는 없어 보인다. 대출을 포함하지 않은 명목 수익률은 5.14%로 높은 편이다. 대출을 포함해 월세 300만 원에서 대출 이자 133만 원을 뺀 금액을 분양가에 보증금과 대출 금액을 뺀 금액으로 나눈 실질 수익률은 무려 6.7%나 된다.

구분	내용	비고
현재 보유 자금	2억 원	–
부부 합산 연 소득	1억 원	세후 수입
직장생활 가능 기간	10년	–
연 저축 가능 금액	2,000만 원	–
보유 아파트 시세	6억 원	향후 3년 내 2억 원 상승 가능
아파트 대출	2억 원	–
아파트 대출 이자	월 55만 원	3.3% 기준 │ 연 0.2%p 인상 가능
추가 확보 자금	1억 원	1년 후 부모에게 생긴 자금을 받을 수 있음
투자 예정 상가 분양가	8억 원	1년 후 잔금
상가 예상 임대료	보증금 1억 원 │ 월 300만 원	수익률 5.14%
상가 예상 대출금	4억 원	–
상가 예상 대출 이자	월 133만 원	금리 4% 예상
상가 실질 수익률	6.7%	대출 금액과 대출 이자 적용

계획상으로만 보면 좋은 상가 투자가 맞다. 하지만 세상일이 그렇듯이 투자는 내 생각처럼, 계획처럼 되지 않는 경우가 훨씬 많다. 생각처럼만, 계획처럼만 되면 고생할 사람이 어디 있고 실패할 사람이 어디 있겠는가?

P의 상가 투자 계획서를 면밀히 다시 확인해보자. '직장생활 가능 기간'을 10년이라고 했는데 10년 이상 다닐 수도 있지만 대기업이라고 해도 예상치 못한 상황이 발생하면 10년을 채우기 힘들어질 수도 있다. 그리고 1년 동안 2,000만 원을 저축한다는 계획을 세웠다(연 저축 가능 금액). 허리띠를 졸라매면 많이 저축할 수 있을지도 모른다. 하지만 자금 계획을 세울 때 더 저축할 수 있는 금액까지 포함시킨다면 계획 자체를 너무 빡빡하게 만드는 것이다. 저축하지

못하는 상황이라도 문제가 없게 계획을 세우는 것이 좋다.

현재 아파트 시세가 6억 원인데 3년 내에 2억 원 정도 오를 것으로 기대하고 있다. 최근의 시장 분위기를 봐서는 가능할 수 있지만 예상치 못한 변수가 생길 가능성도 배제할 수 없다. 상가 투자가 원하는 대로 진행되지 않아도 아파트의 가격 상승으로 버티려는 것 같은데 오히려 반대의 현상이 생길 수도 있다. 예상과 달리 아파트 시장이 침체되어 매매 가격이 떨어지면 아파트가 위험 요소가 될 수도 있다.

1년 후 부모에게 받을 수 있다는 추가 자금 역시 그때 가서 받아야 받는 것이다. 받지 못해도 향후 문제가 없도록 계획을 세우는 것이 좋다. 아파트 대출 이자도 '연 0.2%p 인상'을 예상했는데 테이퍼링[Tapering, 미국 연방준비제도(Fed)가 양적완화 규모를 점진적으로 줄이는 것]을 감안하면 그보다 더 높게 인상될 수도 있다.

가장 문제가 될 수 있는 부분이 '상가 예상 임대료'다. 아직 짓지도 않은 상가의 (완공 후) 임대료를 예측하는 것은 매우 어렵다. 이미 형성된 상권에 분양하는 상가라면 그나마 주변 상가의 임대 시세를 근거로 비교 및 분석을 할 수는 있지만 한창 조성 중인 신도시의 상가라면 검증 자체가 어렵다. 그래서 분양 관계자의 설명에만 대부분 의존하는데 그 설명에 따른 예상 임대료보다 실제 받는 임대료가 낮아지는 경우가 많다. 기대처럼 보증금 1억 원에 월 300만 원이 나오지 않을 가능성이 높다. 그렇게 되면 P의 실질 임대 수익률 6.7%는 낮아질 수 있다. 이러한 점을 염두하고 계획을 세우는 것이 현실적이다. 결과적으로 P는 너무 자신의 생각대로, 계획대로 상가 투자 계획을 세운 것이다.

사람들 대부분은 자기애(自己愛)가 강해서 자신에게 유리한 방향으로 해석하려는 왜곡 인지의 경향이 강하다. 창업은 어렵다고 말해도 내가 하면 왠지 성공할 것 같다는 (근거 없는) 자신감으로 레드오션인 창업 시장에 뛰어드는 사람이 여전히 많다. 상가를 비롯한 부동산 투자 계획을 세울 때에도 그렇게 되지 않을 상황까지 감안하면서 매우 안정적으로 세워야 한다.

되면 좋지만 되지 않을 수도 있는 연 저축 가능 금액(2,000만 원), 부모에게 받을 수 있다고 본 자금(1억 원)은 계획에서 빼야 한다. 요즘처럼 금리 인상 압박이 강한 상황에서는 아파트 대출 이자의 경우 연 0.2%p보다 연 0.5%p까지 인상을 고려할 필요가 있다. 그리고 대출 규제로 상가 대출금이 4억 원까지 나오지 않을 수도 있으며 나오더라도 제1금융권에서 되지 않아 금리가 더 높은 제2금융권에서 받을 가능성까지 생각하고 있어야 한다. 예상 임대료의 경우 분양 관계자의 말을 그대로 받아들여서 정하지 말고 20~30% 정도 또는 그 이하로 낮아질 수 있다는 점을 감안한다.

상가 투자의 계획은 지나치게 유리한 방향으로 세우면서 잘될 것이라고 생각하지 말고 잘 안 될 수 있으니 최대한 주의해야 한다는 생각을 하면서 안정적으로 세워야 성공할 수 있다.

투자 법칙을
너무 맹신하지 않는다

상가의 투자 법칙을 너무 맹신하면 안 된다.
개별성이 강한 상가 투자에서 일반적인 법칙을 맹목적으로 따르면 오히려 독이 될 수 있다.

지방의 1층 상가를 분양받았는데 계속 불안한 마음이 들어 뒤늦게 필자에게 상가 분석을 의뢰한 고객을 만났다. 현장에 가서 보니 1층이지만 동선에 벗어나 있어 임대료를 잘 받기가 어려워 보였다. 앞으로 공실을 걱정해야 할 것 같았다. 오히려 동선상의 2층 상가가 더 좋아 보였다.

분양받은 이유를 물었더니 무조건 1층 상가를 사야 한다고 해서 1층 상가를 분양받았다고 하는 것이 아닌가! 물론 분양 당시에 분양 관계자의 달콤한 속삭임에 마음을 빼앗긴 이유도 있지만 1층 상가에 대한 맹신이 불러온 참사라고 본다.

이처럼 많이 알려진 상가의 투자 법칙을 마치 절대 법칙처럼 맹신하는 사람이 많은데 개별성이 강한 상가의 특징을 간과할 수 있다. 상가의 투자 법칙은 나름 타당한 근거가 있지만 변화무쌍한 현장의 상권에 모두 일관적으로 적용되기에는 현실적인 한계가 있다. 상가의 투자 법칙의 겉만 보고 1차원적으로 판단하면 경제적 손실로 이어질 수 있으니 주의해야 한다.

도로가 있으면 좋다? 도로가 있으면 접근성이 좋아지고 유동 인구가 많아지면서 노출이 많이 된다. 자연스럽게 상가로 유입되는 유효 수요가 많아지면서 매출이 늘어난다. 하지만 도로도 도로 나름이다. 차량의 속도가 빠르고 통행량이 많아 주차가 어려운 도로를 끼고 있는 상가는 오히려 흐르는 자리에 있는 것이 된다. 그래서 유동 인구가 풍부한 광역 상권을 제외하고는 흐르는 자리의 목적형 상권이 형성될 가능성이 높다. 무조건 큰 도로보다 필요할 때 차를 잠깐 세우고 상가를 이용할 수 있는 도로가 더 좋다.

버스 정류장 앞 상가가 좋다? 버스 정류장이 있으면 버스를 타려는 사람이 몰리면서 동선상에 있게 되니 좋은 상가가 될 수 있다. 하지만 버스 정류장이라고 해서 모두 같은 버스 정류장이 아니다. 운행 간격이 넓어서 자주 다니지 않는 노선의 버스 정류장은 별 도움이 되지 않는다. 운행 간격이 넓은 버스가 많이 서는 경우보다 운행 간격이 좁고 많은 사람이 이용하는 버스 하나만 있는 경우가 더 좋을 수 있다. 버스를 타려는 사람들은 어디를 가려는 목적성을 갖고 있어서 몰려드는 사람 수에 비해 뭔가 사려고 상가로 들어오는 비율은 높지 않다. 언제 버스가 올지 모르는 상황에서 소비를 할 마음의 여유가 없기 때문이다.

항아리 상권에서는 잘된다? 상가 분양을 하는 사무실에 가보면 항아리 상권이라 장사가 잘될 것이라는 이야기를 많이 듣는다. 상권 모양이 항아리와 흡사할 때 항아리 상권이라고 한다. 항아리 부분은 주로 주거지이고 항아리의 입구 부분에만 상권이 한정되어 있어서 더 이상 확대되지 않지만 그렇다고 소비자들이 다른 지역으로 가지 않아 거의 단독 상권처럼 보인다. 최근에는 5,000세대 정도의 아파트 단지가 배후 수요인 상권을 항아리 상권이라고도 한다. 하지만 아파트가 많다고 무조건 좋은 상권은 아니다. 5,000세대의 아파트가 있어도 상가건물이 많거나 8차선 이상 도로가 있어 상권 단절이 되는 경우, 상가 앞에 아파트가 있지만 출입문이 없는 담벼락으로 동선 흐름이 막히는 경우, 동선에서 벗어나는 경우라면 상권 자체는 항아리 상권일지 몰라도 투자 가치는 낮다.

퇴근길 방향의 상가가 좋다? 출근길보다는 퇴근길 방향에 위치한 상가가 더 좋다는 법칙도 있다. 출근할 때보다는 퇴근할 때에 여유가 있으니 소비를 더 할 수 있다는 이유에서다. 그럴 수도 있지만 퇴근할 때라고 무조건 소비한다고 볼 수 없으며 출퇴근을 하는 직장인들만 유효 수요가 되는 것도 아니다. 오히려 낮 시간 때에 가정주부들이 더 많은 소비를 하는 경우도 많다. 동네 상권이라고 해서 커피전문점이 저녁 장사만으로 수지 타산이 맞을 것이라고 생각하면 오산이다. 자녀를 학교에 보내놓거나 어린 자녀와 함께 카페에서 커피 한 잔의 여유를 즐기는 주부가 많다. 퇴근해서는 어린이집에 있는 자녀를 데리러 가야 하거나 집안일을 도와줘야 하는 남자들은 해당 법칙의 소비 범위에서 벗어난 지 오래다. 시대 상황이 이런데도 퇴근길 방향의 상가를 계속 고집한다면 낭패를 볼 가능성이 높다. 퇴근길 방향이 중요한 것이 아니라 유효 수요의 흐름인 동선을 살피는 것이 우선이다.

왼쪽으로 도는 상가가 더 좋다? 사람은 왼쪽 발이 오른쪽 발보다 짧기 때문이라는 이유로 왼쪽으로 도는 상가가 더 좋다는 말이다. 그럴 수도 있겠지만 논리적 비약이 있는 듯하고 실제로는 소비를 할 만한 업종이 많이 모인 상권으로 움직이는 사람의 마음이 더 큰 것이지 왼쪽, 오른쪽은 상대적으로 중요하지 않다.

1층 상가가 좋다? 1층 상가는 여러 업종을 소화시킬 수 있기 때문에 임차인 구하기가 쉽고 그만큼 공실 걱정도 줄어든다. 하지만 1층도 1층 나름이다. 동선에서 벗어나는 1층 상가도 1층이라는 이유만으로 매매 가격은 높게 형성된다. 하지만 임대료는 높게 받지도 못하고 툭하면 공실이 발생해 고생할 가능성이 높다. 필자도 1층 상가가 좋다고 말하지만 상권 분석 3단계를 통과해야 한다는 전제조건을 단다. 동선에서 벗어나는 1층 상가가 동선상에 위치한 2층 상가보다 못할 수 있다.

코너 자리 상가가 좋다? 사실 코너 자리 상가가 좋다는 것은 투자를 잘 모르는 일반인도 다 안다. 시야각(視野角)이 넓으니 간판 효과가 좋아서 당연히 유효 수요의 선택을 받을 확률이 높고 그만큼 장사가 잘될 것이다. 하지만 코너 자리라는 이유만으로 상가 매매 가격과 임대료가 그만큼 더 비싸진다. 배후 수요나 동선이 좋지 않은 상권인데도, 쇠퇴기로 접어들어 죽어가는 상권인데도 코너 자리라고 해서 좋은 상가로 둔갑되기도 한다.

상업 지역 비율이 낮은 곳이 좋다? 신도시의 경우 상업 용지 비율이 2%가 넘으면 활성화가 잘 안 되면서 장기간 공실이 발생할 확률이 높기 때문에 상업 지역 비율이 낮은 곳이 좋다고 한다. 맞는 말이지만 상업 지역 비율이 높아도 유효 수요를 잘 확보하면서 동선에 위치한 상가는 장사가 잘될 수 있다. 참고는 해도 되지만 무조건 상업 지역 비율만 갖고 따지는 것은 바람직하지 않다.

권리금이 높은 상가가 좋다? 직접 장사를 하기 위한 창업자 입장에서 상가를 고를 때에는 권리금이 높으면 그만큼 장사가 잘되고 단골손님이 많은 것이므로 권리금 없는 상가보다 권리금 있는 상가가 더 좋다는 말을 자주 듣는다. 틀린 말은 아니다. 권리금이 아까워서 권리금 없는 상가만 찾다 보면 배후 수요 범위가 작거나 동선에서 벗어나는 상가일 가능성이 높다. 하지만 권리금이 높다고 다 좋은 상가는 아니다. 권리금에는 입지의 중요도를 나타내는 바닥권리금, 장사가 잘되어 단골손님이 확보됐는지를 나타내는 영업권리금, 시설물에 대한 시설권리금 등이 있다. 영업권리금과 연관되는 단골손님의 경우 전에 장사하던 사람이 장사를 잘해서 단골손님을 확보했다고 해도 새로 들어간 내가 제대로 하지 못하면 신기루처럼 사라진다. 장사를 하는 가게 주인을 보고 단골손님이 되는 것이기 때문에 주인이 바뀌면 단골손님 유지가 안 되는 경우가 많다. 이렇듯 권리금이 높다고 해도 이후 상황에 따라 얼마든지 변할 수 있으므로 비싼 권리금이 상가의 가치를 결정하는 절대 기준이 될 수 없다(직접 장사를 하지 않고 임차인을 두는 상가 투자라면 이야기는 달라진다. 내가 투자한 상가에 임차인이 높은 권리금을 주고 들어왔다면 장사가 잘되는지 여부와는 상관없이 임대료를 빠지지 않고 낼 것이니 임대인 입장에서는 그리 나쁘지 않다. 하지만 길게 보면 임차인의 상황이 나빠져서 월세 인하 등을 요구받을 수 있다).

절대 법칙이 있다? 우리 인생이 그렇듯이 상가 투자에 절대적인 법칙은 없다. 상권 분석 3단계(배후 수요, 동선, 흐르는 자리)도 도움이 되는 분석 기술이지 절대적인 법칙이 아니다. 특히 2020년에 발생한 코로나 이후 비대면이 일상화가 된 지금은 기존에 일반적으로 생각했던 투자 법칙을 맹신해서는 안 된다. 예전 같으면 당연히 1순위였던 역세권 1층 상가보다 이면도로의 상가가 먼저 팔리기도 한다. 배달 앱을 통해 매출을 올릴 수 있으니 굳이 비싼 임대료를 내는 좋은 상권의 상가를 고집할 필요가 없어졌기 때문이다.

* * *

이런 일반화된 투자 법칙을 악용해 잘 모르는 사람들에게 좋지 않은 상가를 쉽게 파려는 사람들이 존재한다. 그러므로 상가 투자자는 철저한 상권 분석을 통해 상가 투자의 타당성을 확인해야 한다.

상권 단절을
주의하라

도로, 철로, 하천 등은 상권 단절을 유발시키는 주요 원인이다.
인터넷 지도로 알기 어려운 상권 단절은 반드시 현장에 나가서 확인한다.

인터넷 지도로 볼 때에는 큰 문제가 없고 연결된 상권으로 생각했다가 현장에서 유효 수요의 흐름이 끊기는 상권 단절현상을 확인하는 경우가 종종 발생한다. 현장에서 조사할 때에는 이러한 상권 단절을 일으키는 부분이 있는지 중점적으로 본다.

8차선 이상 도로

도로는 상권 단절의 주요 원인이다. 보통 8차선 이상 도로를 마주 보고 있는 두 상권이 있다면 서로 큰 영향을 주지 않는 다른 상권이라고 이해하면 된다. 사람들은 안전에 대한 생존본능이 있어서 차량에 대한 위험을 느끼는 도로는 잘 건너지 않으려고 한다. 횡단보도가 있는 곳까지 걷는 것을 싫어하고 신호등이 바뀌는 것을 기다리는 것도 싫어한다. 그래서 사람들 대부분은 도로를 건너지 않고 원하는 소비나 미팅을 하고 싶어 한다. 내가 지금 있는 곳에서 원하는 것을 할 수 없다면 불편해도 도로를 건너겠지만 굳이 건너지 않아도 된다면 귀찮게 건너지 않는다.

보통 왕복 8차선 도로 정도가 되면 매우 넓은 도로로 인식된다. 횡단보도로 건너도 30초 이상 시간이 소요된다. 건너는 중간에 신호가 바뀔 것 같다는 생각이 들기도 한다. 그래서 도로 중에서도 왕복 8차선 이상 도로는 대표적인 상권 단절의 원인이라고 한다. 물론 '8차선 도로'가 절대 법칙은 아니다. 8차선 도로는 상권 단절의 요인이고 6차선 도로는 괜찮다는 식으로 구분해서는 안 된다. 6차선 이하 도로라도 차량 통행 속도가 빨라 보행하는 데 위협을 느낄 정도가 되면 이 또한 상권 단절의 원인이 될 수 있다. 아울러 도로의 차선을 볼 때 차량의 이동 속도, 통행량 등도 같이 확인한다.

다음 사진은 동작대로를 사이에 두고 나눠진 방배동과 사당동의 모습이다. 같은 동네처럼 보이지만 상권도 다르고 행정구역도 다르다.

🏠 고가 도로와 지하 차도

    8차선 이상 도로보다 상권 단절을 더 심하게 만드는 도로가 있으니 바로 고가 도로와 지하 차도다. 풍수 지리학적으로도 고가 도로와 지하 차도는 맥을 끊는다고 하여 고가 도로와 인접한 아파트를 꺼려하는 사람도 있었다. 상권에서도 유효 수요의 흐름을 끊는다. 다음 사진을 보면 쉽게 알 수 있다.

    특히 고가 도로와 지하 차도는 인터넷에서는 확인이 쉽지 않으므로 현장 조사 시 반드시 확인해야 한다.

🏠 철로

    고가 도로보다 상권 단절을 더욱 심하게 만드는 것이 바로 철로다. 철로는 우회 도로나 고가 도로가 아니면 건너갈 방법이 없다. 지도상 직선거리가 200미터라고 해도 철로가 있다면 우회해서 가는 바람에 20분 이상 걸리기도 한다.

    다음 페이지 사진은 1호선으로 지하철과 기차가 다니는 서울 금천구의 가산디지털단지의 모습이다. 같은 가산디지털단지이지만 철로를 기준으로 상권이 단절된 것을 알 수 있다. 이 철로를 지나가려면 수출의 다리를 거쳐야 하는데 상습 지체구간이라서 시간이 많이 소요된다.

[철로가 만든 상권 단절]

상권 단절과 소음 문제를 유발하는 지상의 철로를 보면 (돈이 문제겠지만) 지하화를 한 다음, 지상공간을 공원이나 청년과 신혼부부 아파트로 활용하면 좋겠다는 생각을 가끔 한다.

육교

8차선 이상 도로나 철로 등 이동을 막는 문제를 해결하기 위해 육교를 설치한다. 육교가 있으니 사람들이 쉽게 지나다닐 것이라고 생각하면 오산이다. 필자처럼 일부러 운동 삼아 육교를 오르는 사람은 아주 일부이고 사람들 대부분은 육교를 싫어한다. 사람들은 육교를 횡단보도보다 더 꺼려한다. 만일 눈 앞에 육교가 있고 50미터 정도 거리에 횡단보도가 있다면 사람들 대부분은 횡단보도를 선택한다.

요즘은 육교에 엘리베이터를 설치하기도 하지만 여전히 육교는 불편한 통행수단으로 인식되고 있다. 육교가 있다고 해서 상권이 좀 더 형성된다고 보면 안 된다.

하천이나 녹지시설

하천이나 녹지시설 역시 상권 단절의 주요 원인이다. 시민들의 조망과 휴식에는 필요하지만 상권 측면에서는 그리 달갑지가 않다. 물론 조망이 확보되는 카페 등이 입점한 상가는 좋지만 상권 측면에서는 상권 단절이 일어난다고 할 수 있다.

다음 사진은 안양천을 기준으로 경기도 광명시 철산동과 서울 가산디지털단지로 구분이 된 모습이다.

철산대교를 이용하거나 안양천의 돌다리 정도를 이용해야 하는

[하천이 만든 상권 단절]

데 산책 나온 사람이라면 몰라도 소비를 하려는 유효 수요는 이런 불편함을 감수하면서 건너가지는 않는다. 물론 철산동 상업지역의 번화가가 잘 발달되어 있어서 회식 등의 목적 때문에 작정하고 건너가는 수요는 일부 있지만 일반적인 유효 수요의 이동이라고 보기 힘들다.

현장에
답이 있다

현장에 가서 보면 인터넷으로 분석할 때와는 다른 답을 찾을 수 있다.
주변 상가에 입점한 가게를 보는 것도 상권 수준을 예측하는 데 많은 도움이 된다.

서울 중구 남산타운아파트 단지 내 상가를 조사하러 간 적이 있었다. 수익률이 6.9%가 나오는 상가라면서 한 고객이 현장 조사에 같이 가자고 했기 때문이다. 게다가 매매 가격이 2억 8,000만 원이고 보증금 2,000만 원에 월 150만 원이라는 것이 아닌가.

'서울에 투자금이 2억 원대 후반이고 수익률이 6.9%인 상가가 있다는 말인가?'

그러나 필자는 현장에 가서 해당 상가를 본 다음, 계약 보류 판정을 내렸다. 그 이유를 설명하면서 현장 조사의 중요성을 다시 한번 강조하고자 한다.

남산타운아파트는 미니 신도시급인 5,152세대의 고정 배후 수요를 확보하고 있다.

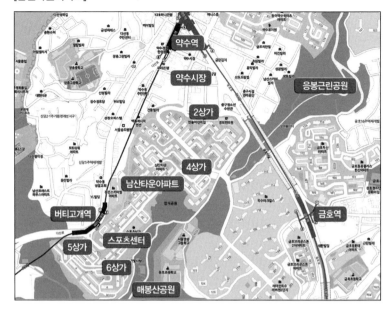

아파트 500세대 정도면 상가건물 하나 정도의 배후 수요는 된다고 앞에서 말했다. 5,100세대가 넘으니 상가건물 10개 이상은 거뜬한 매우 큰 아파트 단지다. 서울에서 이런 대단지 아파트는 흔하지 않다. 더군다나 주출입구는 6호선 버티고개역에 인접해 있고 부출입구는 3호선과 6호선 더블 역세권인 약수역으로 접근이 용이하다. 남산타운아파트 단지 내 상가로는 주출입구의 5상가와 부출입구의 2상가, 단지 내에 위치한 스포츠센터와 4상가, 6상가가 있다.

고객이 조사 의뢰를 한 상가는 6상가의 2층 점포였다. 인터넷 지도로 보면 아주 좋은 상권이라고까지는 할 수 없지만 그래도 고정된 배후 수요를 확보하고 있는 만큼 기본 이상은 할 것으로 보인다.

또한, 버티고개역에 바로 인접해 있는 5상가가 역세권 상가로 매우 좋아 보인다.

하지만 실제 현장에 가보면 생각이 달라진다. 좋아 보였던 5상가가 그렇지 않다는 것을 알 수 있다. 규모로 보면 5상가는 압도적이다. 2, 4, 6상가를 합쳐 놓은 것과 비슷할 정도다. 아마 단지 설계를 할 때부터 주출입구 앞이고 6호선 초역세권임을 감안해 상가 규모를 결정했을 것이다. 그런데 남산타운아파트는 이름에서 알 수 있듯이 남산 기슭에 자리 잡고 있어서 경사도가 매우 심하다. 걷기 좋아하는 필자인데도 남산타운아파트를 두 바퀴 정도 돌고 나니 피로감을 느낄 정도였다. 걷기 싫어하는 요즘 사람들은 오죽할까?

[남산타운아파트 단지 내 상가]

2상가　　　　4상가

5상가 1　　　　5상가 2

6상가　　　　스포츠센터

단지 내 다른 상가가 없다면 5상가까지 걸어가겠지만 단지 내에는 규모가 제법 큰 스포츠센터, 4상가, 6상가가 있다. 가까운 곳에 이용 가능한 상가가 있는데 굳이 경사도 있는 보행로를 걸어서 5상가를 이용할 이유는 크지 않아 보인다. 또 버티고개역에서 5상가로 가는 길은 오르막이다. 5상가가 목적지인 사람이 아니라면 뭔가 소비하기 위해 굳이 오르막길을 오르지 않을 것이다. 오히려 약수역에서 내려 내리막길을 이용할 가능성이 높아 보인다.

상가의 업종 구성을 보면 좀 더 확실해진다. 현장 조사 시 입점한 점포 유형을 보면 상권의 수준을 예측하는 데 많은 도움이 된다. 잘되는 동네 상권에는 편의점, 커피전문점, 유명 제과점, 화장품 매장, 휴대전화 대리점 등이 입점해 있다. 그런데 5상가의 경우에는 아파트 세대수를 말해주듯이 1층에는 공인중개사사무소가, 2층에는 병원이 대부분 입점해 있다. 커피전문점을 찾기가 어려웠고 유명 제과점이 있었는데 세대수에 비하면 너무 작은 규모였다. 유효 수요가 많이 유입되는 상가가 아니라는 반증이다.

반면 단지 내 중앙에 있는 스포츠센터는 고정적인 유효 수요를 확보하면서 동선도 좋아서 장사가 잘되어 보였다. 규모도 제법 컸으며 업종 역시 기업형 슈퍼마켓, 편의점, 커피전문점, 사우나, 학원 등이 입점해 있었다.

4상가는 5,100세대 규모에 어울리지 않게 일반적인 단지 내 상가 규모지만 의외로 좋아 보였다. 상가 규모에 비해 유효 수요를 충분하게 확보하고 있어서 임차인 하기에 따라 안정적인 수익을 얻을 수 있는 상가가 되기 때문이다. 임차 업종도 괜찮았다. 공인중개사 사무소와 음식점이 있고 무엇보다 주출입구 상가인 5상가에도 없는 제법 큰 규모의 파리바게뜨가 있다.

부출입구에 있는 2상가도 좋았다. 부출입구로 나오면 약수시장이 있다. 재래시장을 이용하는 수요층은 여전히 두텁다. 또한, 더블 역세권(3호선과 6호선)인 약수역으로 가려면 부출입구인 2상가를 지나가야 한다. 현재 업종 구성은 좋다고 할 수 없지만 그만큼 매매 가격도 높지 않을 것이므로 장사를 잘할 수 있는 전략이 있는 상가 창업자라면 숨은 진주를 찾을 가능성이 있는 상가가 2상가다.

그렇다면 조사 의뢰를 받은 6상가는 어떨까? 사실 6상가 자체는 나쁘지 않다. 오르막길이고 동선 분석을 해보면 스포츠센터, 2상가, 4상가보다 다소 아쉬울 수 있지만 그래도 6상가 주변에 위치한 아파트들이 있어서 안정적인 배후 수요는 확보하고 있다. 편의점, 분식점, 공인중개사사무소, 학원 등이 입점해 있어서 구성도 무난하다. 그런데도 필자가 투자 보류 의견을 낸 결정적인 이유는 바로 위치 때문이었다.

2층이지만 외부에서 간판이 보이지 않았다. 2층으로 올라가서 보니 가장 끝에 위치한 구석 상가였다. 엄청 유명해서 소문 듣고 찾아올 정도로 장사를 하지 않고서는 버티기 어려운 자리였다. 조사 당시에는 일반적인 장사가 아니라 의류공장이 사용하고 있었다. 수익률 6.9%의 비밀이 풀리는 순간이다. 일반적인 장사가 아닌 공장으로 사용하고 있으니 그 정도 월세를 낸 것이다.

공장 사장 입장에서는 근처 상가보다 조금 비싼 월세를 내더라도 비싸다고 생각하지 않을 가능성이 높다. 다른 지역에서도 그 정도 월세는 내야 하는 것을 알고 있을 것이다. 그리고 월세를 조금 더 올린다고 해도 바로 이전하기가 힘들다. 공장 이전은 일반적인 이사와는 비교가 안 될 정도로 번거롭다.

월세 잘 내는 공장을 임차인으로 두면 수익률도 높으니 투자해야 하지 않느냐고 반문할 수 있다. 필자가 앞에서 높은 월세보다 상식 수준의 수익률이 안정적으로 꾸준히 나오면서 공실이 발생해도 비슷한 수준의 임차인을 빨리 구할 수 있는 상가가 좋다고 했다. 해당 상가의 경우 현 임차인이 사정상 계약 연장을 하지 않으면 다른 임차인을 구하기가 어렵고 설령 구해도 현재 월세 정도로는 내지 않을 것이다. 만약 같은 6상가에 수익률 5% 정도 나오는 1층 상가였다면 투자 보류 의견까지는 내지 않았을 것이다.

살아나는 상권과
죽어가는 상권

상권도 생명이 있어서 살아나는 성장기와 안정기를 지나 죽어가는 쇠퇴기를 거친다.
당장 눈에 보이는 자리만 보지 말고 상권이 살아나고 있는지, 죽어가고 있는지도 봐야 한다.

"평택시 일반상업지역 코너 자리, 평당 2,500만 원, 수익률 6.8%
의 상가건물이 나왔습니다. 너무 투자하고 싶은데 평가 부탁드립니
다"라는 의뢰가 들어왔다. 마음에 드는 상가건물을 발견했는데 계
약하기 전에 돌다리도 두들겨 보고 건넌다는 생각으로 필자에게 현
장 조사를 의뢰한 것이다.

해당 상가건물의 기본 정보는 다음과 같다.

- 위치: 평택시 ○○동(일반상업지역)
- 가격: 매매가 23억 원(평당 2,500만 원) | 보증금 1억 6,000
  만 원 | 월 1,200만 원
- 면적: 대지 91.7평

서울이 아닌 평택이라고 해도 일반상업지역 코너 자리에 평당 2,500만 원이고 수익률이 6.8%라니 듣고만 있으면 좋아 보인다. 다음 그림처럼 인터넷 지도로 보면 배후 수요 범위와 동선도 괜찮다.

10미터와 6미터 도로를 끼고 있는 코너 자리에 1층에는 편의점, 2층에는 유명 프랜차이즈가 입점해 있다. 나름 우량한 점포라고 할 수 있다. 상가건물 앞에는 뉴코아아울렛이 있다. 일반 투자자들이 봤을 때 마음에 들 만한 상가건물이다.

시야각이 좋은 코너 자리 상가가 좋다는 것은 초보 투자자도 다 아는 사실이다. 입점한 업종도 좋고 근처에 뉴코아아울렛까지 있으니 상권 검증도 어느 정도 됐다고 할 수 있으며 수익률까지 좋으니 이 정도면 투자하고 싶다는 마음이 들 것이다. 하지만 필자는 현장을 보고 투자 보류 의견을 제시했다. 해당 상가건물이 있는 상권이 죽어가고 있었기 때문이다. 아니, 사람도 아니고 상권이 죽어간다는 말은 또 무슨 말인가?

상권도 사람과 같아서 수명이 있다. 초반에 형성되고 살아나면서 성장하다가 안정기를 지나면 서서히 쇠퇴기로 접어들면서 죽어간다. 필자처럼 경험이 많은 투자자는 현장에 가보면 본능적으로 살아나는 상권과 죽어가는 상권을 느낀다. 반면 투자 경험이 많지 않은 일반인이나 초보 투자자는 이런 상권의 수명을 느끼지 못하고 단지 눈에 보이는 코너 자리 등에만 집착한다. 숲을 보지 못하고 나무만 보는 것이다. 아마 상가건물 주인은 이런 점을 알고 있기 때문에 상가건물을 지금 매매하려는 것이다. 지금 당장은 괜찮겠지만 시간이 지날수록 서서히 상권이 죽어갈 것이고 이에 따라 공실률은 더 높아지고 임대 수익률은 낮아지면서 골치가 아플 가능성이 높다는 것을 파악했기 때문이다. 보통 기존 주인에게 파는 이유를 물으면 건강상의 이유, 해외 이민, 부부문제 등을 말하지만 대부분 보유 가치가 떨어질 것을 예상해서 판다.

그렇다면 죽어가는 상권의 특징은 무엇일까? 유동 인구의 흐름이 둔화되고 상가들의 공실이 늘어나면서 임대 공고를 쉽게 찾아볼 수 있다. 해당 상가건물도 기본 정보에는 없었지만 공실이 있어서 실제 수익률은 더 낮게 나왔다. 상가 주차장은 기계식 주차장인데 굳게 철문이 닫혀 있었다. 토요일인데도 이 정도면 상가건물의 관리가 제대로 되지 않는다고 볼 수 있다. 가랑비에 옷 젖는다고 서서히 주변 상권이 죽어가면서 해당 상가도 활력을 잃어가고 있었다. 상가 앞을 지나가는 차들 대부분은 뉴코아아울렛으로 들어갔다. 그 안에서 소비 대부분이 이뤄질 것이다.

이 상권이 이렇게 죽어가게 된 이유는 무엇일까? 바로 새로운 상권의 등장에서 찾아볼 수 있다. 다음 그림에서 보듯이 해당 상가건물 10킬로미터 이내에 너무 많은 택지지구가 있다. 가까운 소사벌택지지구를 비롯해 용죽, 현촌, 용이, 신흥, 동삭, 신촌, 영신도시개발구역 등이 있고 10킬로미터 끝부분에 매우 큰 고덕국제도시가 있다.

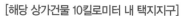

[해당 상가건물 10킬로미터 내 택지지구]

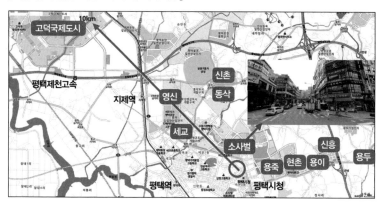

해당 상가건물의 상권에 가장 큰 타격을 준 소사벌택지지구에 가보면 상권의 생기가 느껴진다. 소사벌택지지구의 상권은 성장기인데 반해 해당 상가건물의 상권은 쇠퇴기인 것이다. 새로운 상권이 형성되면 구도심 상권이 무너지는 현상은 인구밀도가 높은 서울보다 수도권이나 지방에서 자주 볼 수 있다. 구도심의 상가에 투자할 때에는 주변에 새로운 상권이 형성될 가능성이 있는지에 대한 분석을 병행해야 한다.

현장에서는 이런 상가를 집중적으로 추천하는 상가 컨설턴트가 일부 있다. 잘 모르는 일반 투자자들에게 수익률이 잘 나오는 상가라고 하면 쉽게 먹힐 수 있기 때문이다. 그래서 상가를 투자할 때에는 더욱 철저한 분석이 필요하다. 필자에게 현장 조사를 의뢰한 고객은 컨설팅 비용의 100배 이상 이득을 얻었을 것이다. 한 번 잘못된 투자의 손실 비용과 여파는 상상 이상이다.

신도시 상가
vs 구도심 상가

현장에서 검증이 가능한 구도심 상가와 달리 신도시 상가는 제한된 정보로 분석할 수밖에 없다.
그래서 신도시 상가의 특징과 장단점을 제대로 알고 있어야 한다.

인터넷으로 배후 수요와 동선을 확인한 후, 현장에 가서 인터넷 검색으로 확인하기 어려운 흐르는 자리, 상권 단절현상, 상가 주변 업종, 상권 분위기, 주변 시세까지 조사해보면 어느 정도 상가 투자의 답을 찾을 수 있다.

하지만 토지이용계획에 따라 개발하는 신도시 같은 택지지구라면 이야기가 달라진다. 상가 분양 현장에 가보면 허허벌판에 먼지만 날리는 공사 차량과 팸플릿을 흔들고 있는 분양 관계자만 보일 뿐, 발품을 팔아도 확인할 것이 별로 없다.

제한된 정보로 신도시의 상권 분석 및 상가 투자 타당성을 판단하려면 신도시 상가의 특징과 장단점부터 제대로 알아야 한다.

구도심 상권의 경우 추가적인 (상가) 공급 물량이 거의 힘들므로 기존에 자리 잡은 상가의 회소가치가 있고 임대 수익 역시 특별한 변수가 없는 한, 안정적으로 유지될 가능성이 높다. 상권이 이미 형성되어 있기 때문에 현장에서 주변 상가의 가격과 임대료를 비교 및 분석할 수 있을 뿐만 아니라 동선과 흐르는 자리, 상권 단절 등도 확인이 가능해서 검증을 통한 위험을 충분히 제거할 수 있다.

하지만 지금보다 더 좋아질 발전 가능성은 낮고 매물이 많지 않아서 원하는 상가를 찾기가 쉽지 않다. 마음에 드는 상가는 가격도 비싸다. 젠트리피케이션(Gentrification)도 신경 써야 한다. 낙후되었던 구도심 상권이 여러 가지 이유로 활성화가 되면 매매 가격과 임대료가 동반 상승하는 바람에 원래 살거나 장사하던 사람들이 나가고 그 대신 대형 자본의 프랜차이즈 등이 들어오는 현상을 말한다. 상권의 개성이 사라지면서 사람들은 차별성을 느끼지 못하고 결국 더 이상 상권은 성장하지 않는다. 심하면 상권이 쇠퇴하는 문제가 발생한다.

반면 신도시 상가는 개발 초기에 상가 분양 물량이 쏟아지면서 원하는 입지의 상가를 골라서 선점할 수 있다. 상권이 성장하면 발전 가능성이 높아져 수익률도 따라 높아질 수 있다. 하지만 검증이 어려워 분양 가격과 공급 물량의 적정성을 확인하기 어렵고 상가가 완성되었을 때 예상보다 주변의 상가가 많을 수 있다. 분양 가격이 높게 책정되면 임대료 역시 높아질 수밖에 없어서 상가 투자자와 임차인 모두 고분양가의 피해자가 될 가능성도 높다.

신도시 상가로 돈 버는 사람은 상가를 짓거나 파는 사람이고 상가를 사거나 임차하는 사람은 손해를 본다는 웃픈 이야기도 있다.

과거 분당, 일산, 평촌, 산본, 중동 등 1기 신도시 때까지만 해도 상권이 활성화되면서 상가 가치와 임대료가 모두 상승해 만족스러운 수익을 얻은 상가 투자자가 많았다. 그런데 판교, 광교, 동탄 등 2기 신도시 때부터는 토지 가격 상승 등의 이유로 분양 가격은 급등했지만 경기 침체로 인해 장사가 예전처럼 되지 않아 수익을 얻기가 쉽지 않아졌다. 오히려 손실을 보는 경우도 늘어나고 있다.

[구도심 상가와 신도시 상가 비교]

구분	구도심 상가	신도시 상가
장점	• 공급 물량 부족으로 희소성 있음 • 안정적인 임대 수익 가능 • 상권 및 주변 시세 검증이 수월함	• 매물 풍부해 선점 가능 • 발전 가능성 있음 • 입주 이후 급매물 매수 가능
단점	• 발전 가능성 낮음 • 매물 부족으로 선점 어려움 • 급매물 찾기 어려움 • 젠트리피케이션 가능성 있음	• 분양 시 검증 어려움 • 초기 공급 물량 많음 • 분양가 거품 있음 • 수익률 하락 가능성 있음

보통 신도시 상가는 아파트보다 늦게 개발된다. 아파트 완공 전후 때부터 상가 분양이 시작된다는 점은 다행이지만 일반적인 상가 현장 조사에서 파악해야 하는 부분들의 확인이 어렵기 때문에 접근 방식도 달라야 한다(참고로 과거 1기 신도시 때에는 단기간 개발로 인해 입주 시기, 교통망 등이 빠르게 신설되어 상권까지 빨리 형성되었다. 하지만 2기 신도시 때에는 장기간 개발로 인해 입주 시기, 교통망 등이 많이 늦춰지면서 상권 형성이 어려운 지역이 많았다).

현장에서 답을 그리 많이 얻을 수 없으므로 분양 관계자가 주는 팸플릿과 브리핑 자료에서 필요한 정보만 얻고 감언이설(甘言利說) 처럼 도움이 안 되는 정보는 과감하게 버린다. 상가, 아파트, 도로 등 토지 개발에 대한 정보가 담긴 토지이용계획도는 반드시 확보해 상가 팸플릿에 나오는 상가 위치를 함께 보면서 배후 수요와 동선 을 예측한다. 그다음 상가건물 내부의 각 점포 구성도인 도면을 보 면서 분양가 정보, 예상 임대료 시세 정보로 타당성을 확인한다. 복 도, 엘리베이터 등 공용 면적에 따라 전용률이 달라지는데 간혹 제 대로 말하지 않고 분양 면적을 높이는 경우도 있으므로 분양 관계 자들의 '평당 얼마'에 흔들리지 말고 전용 면적과 분양가, 3.3㎡ 가 격(전용 면적 기준)만 기준으로 삼는다.

상가를 짓지 않은 상황에서 6개월 후, 1년 후 임대료를 예측하는 것은 정확도가 떨어진다. 현실적으로 확인이 어려운 만큼 분양 관 계자들이 말하는 예상 임대료 정보를 맹신하지 말고 70~80% 정 도로 생각하면 무난하다.

물론 초기에는 예상 임대료와 비슷하게 맞춰질 수 있다. 하지만 정 상적인 임대료라기보다는 분양 가격에 시장보다 다소 높은 수익률 5% 내외를 적용해 산정한 임대료다. 2~4년 정도 시간이 지나면 임차인의 임대료 인하 요구가 접수되는 경우가 종종 발생한다. 만 약 분양가 자체가 높게 책정되었다면 고분양가에 수익률 5%를 적 용했을 가능성이 높다. 당연히 임대료가 높아질 수밖에 없다. 고분 양가를 받은 상가 개발자는 돈을 벌지만 상가 투자자와 임차인은 손실을 볼 수도 있다.

지정 업종도 미리 확인해야 한다. 예전에는 약국 자리 정도만 지정해 독점권을 보호했는데 요즘은 편의점, 커피전문점, 공인중개사 사무소 자리까지 지정하는 경우가 있기 때문이다.

신도시 상가 투자 시 상가 분양 관계자의 말을 너무 믿으면 안 된다. 계약 전에는 간이고 쓸개고 다 빼줄 것처럼 달콤한 말로 유혹하지만 계약서에 도장을 찍는 순간부터 상황은 역전된다. 그 이후부터 그 상가는 계약자가 끝까지 책임을 져야 한다. 지하철 개통이 된다, 배후 수요가 많다, 큰 시세 차익을 얻을 수 있다, 유명 프랜차이즈가 입점할 계획이다, P(프리미엄) 붙여서 바로 되팔아준다 등의 말들은 공허한 메아리일 뿐이다.

지하철 개통은 10년이 지나도 장담할 수 없고, 많다던 배후 수요는 현실적인 배후 수요 범위 밖인 경우가 많다. 시세 차익은 얻어야 얻는 것이지 말로는 아무것도 아니다. 특히 되팔아준다는 조건은 계약을 유도하기 위해 안심시키는 말일 뿐이다. 수수료를 받고 팔았으면 (또 다른 수수료를 받을) 다른 상가를 팔아야지 이미 수수료 다 받은 상가에 왜 신경을 쓰겠는가? 그래서 분양 관계자의 말은 필요한 정보만 받아들이고 반드시 투자자 본인이 주도권을 갖고 분석한 다음에 판단해야 한다.

유명한 투자 온라인 카페를 통해 상가를 계약한 고객을 만났다. 이미 상가를 계약했는데 계속 불안한 마음이 들어 필자에게 분석 의뢰를 했다. 이왕 컨설팅 비용을 주고 현장 조사를 의뢰할 것이라면 계약하기 전에 의뢰를 하는 것이 맞지 않느냐고 말했는데 도저히 불안해 잠을 잘 수가 없어서 무슨 말이라도 듣고 싶다는 것이다.

해당 신도시 상가 개발 현장에 가서 각종 자료를 확보하면서 분양 관계자 말을 들은 다음, 주변 공인중개사사무소를 방문했다. 그런데 분양 관계자가 말한 예상 임대료, 배후 수요, 개발 호재 등 정보 대부분이 허위이거나 과장이었다. 심지어 상가 2층에 입점 예정이라는 병원검진센터는 개인 병원 3개 정도로 말이 바뀌었고 그마저도 추진 중이란다. 기업 본사가 이전한다는 자리 역시 본사가 아닌 다른 시설이 이전될 예정이었고 그마저도 언제가 될지 기약할수 없었다. 전용 12평 상가 임대료로 월 300만 원을 받을 수 있다고 하면서도 편의점, 약국, 커피전문점, 공인중개사사무소 등은 지정 자리가 있어서 임대할 수가 없다는 것이 아닌가. 잘되는 업종이들어와도 쉽지 않은데 인기 업종은 이미 지정 자리로 빼놓으면 도대체 무슨 업종을 넣어서 월 300만 원을 맞출 수 있을까?

입주 시점 때까지 가지 말고 다소 손실이 발생해도 빨리 전매를 추진하고 최악의 경우 계약금 포기까지 검토하라는 의견을 드렸다. 잘못하면 고생은 고생대로 하고 나중에 손실은 더 커질 수 있기 때문이다. 상가 분양 현장에서 필요한 정보와 버려야 할 정보는 다음과 같다.

- 필요한 정보: 토지이용계획도, 상가 위치도, 상가 점포 구성도, 분양 가격, 예상 임대료(70~80% 정도), 지정 업종
- 버려야 할 정보: 과장된 지하철과 기업 이전 등 개발 호재,

배후 수요, 병원 등 입점 예정 업종, 분양 관계자의 높은 임

대료로 맞춰주겠다는 약속과 다시 팔아준다는 약속

같은 상가건물이라도 가치는 다르다

유효 수요의 동선에 따라 같은 상가건물이라도 가치는 다를 수 있다.
그래서 상가 도면과 주변 상권을 연계해 꼼꼼하게 분석해야 한다.

아파트를 생각해보자. 같은 아파트 단지라면 면적이 다르지 않는
한, 층에 따라 10% 정도 시세 차이가 발생할 수 있고 동, 라인, 옵션
등에 따라 좀 더 가치 차이가 발생할 수 있다. 하지만 상가는 면적
과 층이 같아도 위치에 따라 차이가 천차만별이 날 수 있다.

동선에 따라, 상가로 유입되는 유효 수요의 차이에 따라 같은 상
가건물이라도 점포별 매출 차이가 발생한다. 면적과 층에 따라 분
양가 차이가 나는 것은 이미 알고 있고 선택의 문제이지만 같은 층
에 같은 면적의 상가인데도 유효 수요가 차이 나는 것은 한편으로
너무 속상하고 억울한 일이다.

분양 계약 시 순간의 선택이 상가 투자의 결과를 결정하며 만일
투자 손실이 발생하면 몇 년을 고생할 수도 있다. 이미 형성된 상권

이라면 발품을 팔면서 상권 분석도 하고 눈으로 유효 수요의 흐름을 파악해 나름 판단할 수 있지만 새롭게 형성되는 상가라면 토지 이용계획도, 상가 도면 등을 참고해 동선을 예측해야 한다. 상가건물 주변에 지하철역이 있다면 역 입구는 어딘지, 버스 정류장이 있다면 어떻게 가는지, 횡단보도는 어디에 있는지 등을 보면서 상가 건물의 출입구와 연결해 고객의 유입 동선을 분석한다. 출입구에 인접한 상가는 아무래도 유효 수요가 좀 더 유입될 가능성이 높으므로 가치가 높다고 할 수 있다. 시야각이 넓게 나와서 유동 인구의 시선을 끌고 집객력을 극대화할 수 있는 상가 전면이나 앞에 넓은 공간이 있는 코너 자리 상가도 좋다.

이런 좋은 자리는 약국 등 업종이 지정되어 있어서 분양 가격 자체가 높게 책정되기도 한다. 장사가 잘되는 업종으로 지정이 되면 임대료를 높게 받고 공실률이 낮아질 수 있으니 충분히 투자해도 된다. 그 대신 업종 지정 관련 내용이 계약서에 명시되어 있는지, 법적으로 보장받을 수 있는지를 확인한다. 상대적으로 분양가가 낮은 바로 옆 점포도 같이 사서 면적을 넓히면 효과를 더욱 극대화할 수 있다. 물론 총투자 금액이 높아지는 부담은 있지만 코너 자리 점포가 넓어지는 효과를 얻을 수 있다.

업종 지정이 되지 않아도 출입구 근처나 코너 자리 상가는 분양가가 상대적으로 높다. 높은 분양가만큼 장사가 잘될 수 있고 임대료와 공실 측면에서 유리할 수 있으므로 무조건 분양 가격이 낮은 상가만 찾지 말고 전체적으로 타당성을 고려할 필요도 있다.

만일 완공 전에 선임대가 되었다면, 임대료를 비교할 수 있는 상가가 주변에 있다면 임대료 적정성을 확인하는 것이 좋다. 비교할 수 있는 상가가 없다면 상가 전용 면적과 선임대가 된 임차인의 업종을 감안해 임대료 적정성을 예측해본다. 선임대인 경우 임차인역시 임대료가 적절한지 제대로 파악하지 못한 채 분양가 대비 분양 관계자가 말한 수익률 5% 정도를 적용하고 임대료에 맞춰 먼저 선임대차 계약서를 작성했다가 상가가 완공되어 장사를 시작했지만 생각처럼 장사도 잘 안 되면 임대차 계약 기간 중에도 임대료 인하 요구를 할 수 있기 때문이다. 또한, 계약 만기 시점에 계약 연장이 되지 않는 일이 발생할 수도 있다.

상가 도면을 보면서 대로변과 후면 상가를 확인할 필요도 있다. 중대형 상가건물(근생빌딩)의 경우 여러 개 구분 등기가 된 점포가 많이 있다. 출입구뿐만 아니라 엘리베이터, 에스컬레이터에 가깝거나 동선이 연결되는 점포 자리는 눈여겨 볼 필요가 있다. 그리고 상가 내부 층고(層高)나 점포 내부에 기둥이 있는지, 있다면 크기와 위치도 파악해야 한다. 층고가 높으면 공간이 넓게 보이기 때문에 같은 면적이어도 체감 면적이 달라지고 상가로 유입된 고객도 좀 더 여유 있다는 느낌을 받는 등 긍정적인 효과가 생길 수 있다. 그런데 상가 내부에 기둥이 있다면 좋다고만 할 수는 없다. 기둥이 벽면 쪽에 있다면 그나마 다행이지만 벽면에 튀어 나와 있으면 이동 시 불편해진다. 상가 내부 중간에 있으면 피한다. 기둥 때문에 임차인이 원하는 구조로 인테리어를 할 수 없게 되는 경우가 많기 때문이다.

작은 꼬마 빌딩은 해당 사항이 없을 수 있지만 구분 등기가 되는 점포가 입점하는 중대형 상가건물에는 쾌적한 환경을 위해 화단, 벤치 등 녹지공간이나 휴식 장소 같은 공개공지를 의무적으로 만들어야 한다. 간혹 공개공지가 상가의 전면을 막기도 하니 되도록 공개공지 위치를 미리 확인한다.

다음 사진을 보자. 공개공지의 화단, 구조물 때문에 점포 앞이 가려져 있다. 이 공개공지가 다른 곳에 있었다면 커피전문점은 장사가 더 잘되고 임대료도 더 받으면서 가치도 더 올랐을 것이다.

1층 상가의 경우 앞에 데크를 설치하면 공간을 좀 더 넓게 사용할 수 있어서 더 좋다. 그렇게 되면 편의점, 커피전문점 등 다양한 업종이 선호하는 자리가 된다. 반면 계단이 2~3개 있는 1층 상가는 계단이 없는 1층 상가보다 고객에게 의외로 불편함을 준다.

주차장 진입로도 확인해야 한다. 지하주차장이라면 에스컬레이터나 엘리베이터를 타고 1층으로 올라가지만 지상주차장이라면 (지상주차장으로) 올라가는 길 옆에 위치한 상가는 동선에서 벗어나기 때문에 매출에 타격이 발생한다. ○○역 상가를 분양받은 한 고객을 만난 적이 있었다. 도면을 잘못 분석하는 바람에 지상주차장으로 올라가는 쪽 옆에 위치한 상가를 분양받았다가 완공된 현장을 보고 망연자실했다고 한다.

다음 그림을 보자. 한 상가의 도면인데 점포 자리 A~G가 있다. 이 중에서 어느 점포 자리가 좋을까?

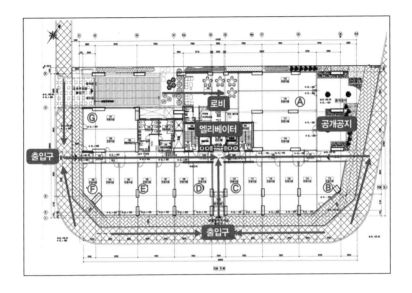

당연하겠지만 출입구 옆에 위치한 C, D와 코너 자리인 B, F가 좋다. A는 앞에 공개공지가 있어서 가급적 피하는 것이 좋다. G는 출입구 옆쪽이지만 출입구를 목적지로 두고 향하는 유효 수요로 인해 흐르는 자리가 될 가능성이 있다. 물론 상가 내부 도면만 가지고 전체 동선을 판단할 수는 없다. 상가 주변 횡단보도, 지하철역, 버스정류장 등까지 종합적으로 분석해 동선을 예측해야 한다. 만약 버스 정류장이나 역 출구가 B에 가깝다면 전체 상가 중 B에 가격이 가장 높게 책정될 것이다. C, D보다 좋다고 할 수 있다.

이처럼 상가는 한 건물이라도 점포 위치에 따라 가치가 달라질 수 있기 때문에 상가건물 도면, 토지이용계획도 등 주변 상권을 분석할 수 있는 자료를 이용해 배후 수요, 동선, 흐르는 자리를 분석한 다음, 타당성을 확인해야만 상가 투자의 실패 가능성을 줄일 수 있다.

상가 계약 시
주의사항

상가는 아파트를 살 때보다 금액이 더 커질 수 있다. 도장만 찍으라고 해서 찍지 말고
미리 요구할 것은 요구하고 조금이라도 유리하도록 특약사항 명시를 적극적으로 활용한다.

상권 분석을 한 다음, 투자를 결정했다면 상가 계약서를 작성하게
된다. 중개를 맡은 공인중개사가 알아서 잘 해주겠지만 최종 책임
은 거래 당사자이고 한 번 체결된 계약은 되돌리기 어려우며 계약
후 발생하는 모든 문제는 계약서를 근거로 하기 때문에 계약서 작
성에도 특별히 신경 써야 한다.

계약 해제

한 번 계약서에 도장을 찍으면 되돌리기는 매우 어렵다. 계
약 후 24시간 이내에 계약 해제를 요구하면 된다고 생각하고 일단
계약부터 하는 사람이 아직도 있는데 전혀 그렇지가 않다. 도대체
24시간 이내에는 계약 해제가 가능하다는 말이 어디서 나왔는지 모

르겠다.

계약서 특약사항에 계약 해제 관련 내용이 없으면 일방적인 계약 해제는 어렵다. 물론 특약사항 명시는 매수자와 매도자 간 협의가 되어야 하는 부분이라서 매도인이 거부하면 강제로 진행할 수는 없다.

해약금과 위약금

특약사항에 별도로 해제 관련 내용을 명시하지 않았다면 계약 해제를 할 때 해약금이 발생한다. 보통 계약서를 작성하고 매매 금액의 10% 정도를 계약금으로 입금한다. 그런데 이후 중도금 지급 전에 계약을 해제하면 이미 입금한 10%의 계약금을 해약금으로 간주해 매도인의 경우 배액 상환, 매수인의 경우 계약금 포기를 한다.

만일 계약서를 작성하지 않고 일부를 가(假)계약금으로 입금했다면 어떻게 될까? 구두 계약도 계약이라서 입금한 가계약금은 돌려받기 어렵다. 가계약금을 입금한 후 계약이 성립되었고, 계약금은 언제, 얼마를 지급하며 해제 시 해약금은 계약금으로 간주한다는 내용을 휴대전화 문자로 주고받았다면 계약금에 상응하는 금액의 해약금이 발생할 수도 있다.

해약금 문제는 서로 협의를 해 원만하게 마무리하는 것이 좋다. 예를 들어, 가계약금으로 3,000만 원을 지급한 상황에서 매수자에게 어쩔 수 없는 사정이 생겼다면 법적으로는 3,000만 원이 일종의 해약금이 되므로 굳이 돌려주지 않아도 되지만 매도인 입장에서는 새로운 계약이 진행되어 피해가 없다면 잘 협의해 절반 정도 돌려주는 선에서 좋게 마무리를 짓는다. 물론 법대로 하면 반환해줄 의무가 없으니 상가 투자자라면 가계약금이라고 해도 매우 신중하게 생각한 후에 입금한다.

별도 특약이 없어도 중도금 전 계약금 포기(매수인), 배액 상환(매도인)으로 계약이 해제되는 경우의 해약금과 달리 다른 계약 위반으로 발생하는 위약금에 대해서는 반드시 특약사항에 명시되어야 한다는 점도 주의한다. 이외에도 원하는 조건이 있으면 계약 전에 공인중개사에게 요구를 해서 특약사항에 넣을 수 있도록 한다.

🏠 잔금 미지급

약정한 잔금일이 되었는데도 잔금을 지급하지 않고 시간을 끌다가 아예 잠적하기도 한다. 받은 계약금을 해약금으로 간주하고 자동으로 계약 해제가 되었으니 다른 매수자를 구해서 새로운 계약을 하면 문제가 없을까? 문제가 없을 것 같지만 문제가 된다. 받은 계약금은 당연히 해약금이 되지만 계약 해제 의사를 밝히지 않아 계약 종결은 되지 않았기 때문이다. 자동적으로 해제되었다고 보고 새로운 계약을 했다가 기존 매수자가 나타나서 이중 계약이라고 주장하면 매우 난처해진다.

이러한 상황에 대비하기 위해서는 평소 계약 당사자 간에 주고받은 문자나 통화 내역은 남겨두는 것이 좋다. 잔금을 지급하지 않았는데 언제까지 잔금 이행을 하겠다는 말이 없으면 계약 해제를 하겠다는

내용증명을 발송해야 한다. 그런데 수신 거절이 되면 법원의 공시송
달절차를 이용하고 필요 시 변호사를 선임해 법적 대응을 고려한다.

계약 종결을 한다는 의사 표시를 각서나 문자 정도로 확보한 후
에 새로운 계약을 추진해야 한다. 그러므로 계약할 때 특약사항에
잔금 미지급 관련 내용을 미리 적어두는 것이 좋다.

권리금

권리금은 상가의 입지나 영업권, 시설에 대한 금액으로 상
가 임차인 간에 주고받기 때문에 상가 투자자 대부분은 중요하게
생각하지 않지만 계약 만료가 되어 계약 해지를 할 때에는 문제가
될 수 있다. 권리금을 내고 들어와 장사를 하는 임차인 입장에서는
새로운 임차인에게 권리금을 받고 넘겨야 하는데 계약 기간이 만료
되었다고 상가 주인인 임대인이 일방적으로 계약 해지를 하면 큰
손실이 발생하기 때문이다.

권리금에 대한 사회 문제가 심각해지자 2013년 8월 13일 이후
부터 계약 갱신 요구권이 최초 계약일 이후 5년 보장으로 되었고
2018년 10월 16일 이후부터는 10년으로 확대되었다. 또 권리금
회수 기간도 임대차 만기 6개월 전부터 만기 시까지로 확대되어 임
차인의 권리 보호가 한층 강화되었다.

상가 투자자 입장에서 권리금은 임차인 문제이므로 자신과는 상
관이 없다고 할 수 있지만 임차인은 내게 월세를 주는 중요한 고객
이기 때문에 임차인에게 중요한 권리금에 대해서는 배려해주는 자

세가 필요하다.

투자하려는 상가에 임차인이 장사를 하고 있다면 권리금에 대해 어떻게 하는 것이 좋은지 현재 상가 주인, 임차인과 확실하게 논의한 다음, 계약을 진행한다. 물론 논의한 내용은 특약사항에 적어 놓는다.

🏠 원상 복구

상가 임대차 계약이 만료되면 임차인은 원상 복구의 의무가 있다. 그런데 원상 복구를 어느 정도 수준으로 해줘야 하는지에 대한 문제 때문에 임대인(상가 주인)과 임차인 간 분쟁이 끊이지 않고 있다. 임대차 계약서에 관련 특약사항이 없으면 현 임차인이 개조하거나 설치한 부분만 원상 복구를 하면 된다.

임차인이 원상 복구를 하지 않고 나갔다면 임대인은 임차인이 원상 복구를 할 때까지 기다릴 필요는 없다. 우선 임대인은 자신의 비용으로 원상 복구를 한 다음, 새 임차인에게 임대를 주고 전 임차인에게 손해 배상의 책임을 물으면 된다.

되도록 계약 당시 특약사항에 원상 복구 범위도 명시하는 것이 좋다.

🏠 지정 자리(업종 제한)

상가 분양 시 약국 지정 자리라고 하면서 주변 점포보다 더 비싼 분양가를 책정하기도 한다. 독점적으로 약국 자리를 임차한 약사는 그만큼 장사가 잘될 것이니 월세도 시세보다 더 높게 낼 여력이 되므로 상가 투자자 입장에서는 분양가가 더 높아도 괜찮다는 논리다. 요즘은 약국 자리뿐만 아니라 편의점, 커피전문점, 공인중개사사무소 자리에도 업종 제한을 거는 경우도 있다.

지정 자리를 분양받으면 계약서 내용을 이행해야 한다. 만약 분양을 받은 상가 투자자가 지정된 업종을 무단으로 변경하면 계약 해제가 될 수 있다. 또한, 임차인이 임의로 다른 업종으로 변경해 영업하거나 분양받은 상가를 산 또 다른 매수인이 다른 업종으로 운영해도 업종 제한을 받는다. 분양사가 지정 자리를 약속하면서 더 높은 분양가를 받아놓고서는 다른 점포를 동일한 업종으로 분양하는 것 역시 안 된다. 실제로 상가 임대차 계약 후 인테리어 공사까지 끝났는데 지정 자리 문제로 분쟁이 생겨 오픈하지 못한 커피전문점을 봤다.

지정 자리를 분양받는다면 계약서에 도장을 찍기 전에 분양 계약서의 관련 내용을 한 번 더 확인한다. 조금이라도 의심이 든다면 망설이지 말고 요구사항을 말한다.

포괄양수도 계약

상가를 파는 매도인이 일반과세자라면 매매 금액 중 토지분을 제외한 건물분에 10%의 부가가치세가 발생한다. 상가를 사는 매수인에게 세금계산서를 발급하고 부가가치세를 받아 납부하면 된다.

상가 매수인은 10% 부가가치세를 매도인에게 지불하지만 세금

계산서를 받고 과세 기간 말일부터 20일 이내에 일반과세자로 사업자 등록을 하면 부가가치세를 환급받을 수 있다.

매수인이 일반과세자가 아니라 간이과세자라면 매도인에게 지불한 부가가치세를 환급받을 수 없다. 그 대신 취득가액에 합산되어 향후 양도 시 양도차익을 줄일 수는 있다.

상가 매도인이 일반과세자가 아니라 간이과세자라면 공급가액의 3%(임대업 경우)에 해당하는 부가가치세가 발생하는데 간이과세자는 세금계산서를 발급할 수 없어서 매수인에게서 부가가치세를 받을 수 없다. 상가 매수인은 부가가치세를 내지 않아도 된다.

상가 매매 시 발생하는 부가가치세를 생략하고 싶다면 포괄양수도 계약을 하면 된다. 포괄양수도 계약은 상가의 자산을 비롯한 인적, 물적 시설 및 사업상 권리와 의무를 모두 포괄적으로 승계하는 것이다. 상가 매도인의 모든 권리와 의무를 매수인이 승계하기 때문에 부가가치세가 생략될 수 있다.

포괄양수도 계약의 성립 조건으로는 양도인, 양수인이 과세사업자이고 사업 전체를 조건 변경 없이 양도 및 양수해야 하며 동일한 업종이어야 한다는 것이 있다. 포괄양수도 계약으로 상가 매매 계약을 하면, 양도일이 속하는 달의 말일부터 25일 내 부가가치세 확정 신고를 할 때 사업 양도 계약서를 첨부한 사업 양도 신고서를 양도인이 당해 사업장에 대한 부가가치세 확정 신고 시 제출해야 한다.

사업 양도 계약서는 별도로 작성하는 것이 일반적이다. 별도로 작성하지 않는 경우에는 계약서의 특약사항에 관련 내용을 기재하면 실질적인 포괄양수도 계약으로 인정된다. 포괄양수도 계약이 필요하면 계약 전에 미리 필요하다고 한 다음, 계약서 작성 시 반영한다.

임차인은
가장 중요한 고객

임차인은 월세를 주는 고마운 고객이다. 그래서 임차인과는 갑과 을의 관계가 아니라
동반자 같은 좋은 관계를 맺는 것이 상가 관리에서 매우 중요하다.

장사하는 사장에게 고객은 왕이다. 내가 돈을 벌게 해주는 고객에 대해서는 항상 감사와 존중의 마음을 갖고 있어야 한다. 그렇다면 상가 투자자의 고객은 누구일까? 바로 월세를 내는 임차인이다.

보통 상가의 고객이라고 하면 소비를 일으키는 유효 수요라고 생각한다. 상가를 구입해 직접 장사하는 상가 창업자에게는 맞는 말이지만 임대를 주고 월세를 받는 상가 투자자에게는 맞지 않는 말이다. 상가 투자자를 돈 벌게 해주는 사람은 월세를 내주는 임차인이다. 그런데 아직도 월세를 주는 고마운 고객인 임차인을 못 잡아먹어서 안달인 상가 주인이 많다.

계약 갱신 요구권 5년(2018년 10월 16일 이후 임대차 계약부터 10년)을 악용한 사례가 있었다. 첫 계약 후 4년이 지난 상가를 구입해서는 1년이 지나자 계약 연장을 해주지 않고 해지한 후, 직접 장사를 한 것이다. 계약 기간이 만료가 되었기 때문에 문제가 아니라고 할 수 있지만 억 단위 권리금이 형성된 상가였다. 그 권리금을 노리고 고의적으로 임차인의 계약 연장을 해주지 않은 것이다. 억 단위의 권리금이 형성된 상가는 장사가 잘되거나 목이 좋다는 의미다. 그 상가 주인은 새로운 임차인을 구할 때에는 바닥권리금을 요구할 것이고 이후 매도할 때에는 매매 가격을 더 올릴 수 있을 것이다. 또한, 주변 시세에 비슷한 월세인데도 월세를 더 올려 달라고 임차인을 닦달하는 상가 주인이 많은데 이제는 발상의 전환이 필요하다.

권리금 때문에, 이미 투입된 투자 금액이 아까워서 상가 주인의 무리한 요구에 눈물을 흘리는 임차인이 많다. 그런데 궁지에 몰린 쥐는 고양이도 문다. 버티다가 도저히 버틸 수 없는 임차인은 임대료 인하를 요구한다. 상가 주인이 거부하면 대부분 어쩔 수 없이 폐업 처리를 한다. 요즘처럼 불경기에 경쟁은 치열해지고 인건비와 재료비는 계속 오르지만 수익은 떨어지는 상황에서 임차인이 선택할 수 있는 길은 그리 다양하지 않다. 임차인이 나가도 새로운 임차인을 구하면 된다고 생각한다면 큰 오산이다. 코로나 대유행 이후 갈수록 임차인을 구하기가 어려워지고 그나마 있던 임차인도 계약 연장보다는 폐업을 선택하는 빈도가 잦아지고 있다. 월세를 많이 내주면 좋지만 그보다는 연체 없이 월세를 내는 임차인이 효자다.

말 한마디로 천 냥 빚을 갚는다. 관계가 좋으면 안 되는 일도 쉽게 해결되는 반면, 관계가 나쁘면 별일도 아닌 일로 얼굴 붉히고 계약이 깨지기도 한다. '내가 상가 주인인데…', '내가 갑인데…'라는 구시대적인 생각은 과감히 버리고 돈 벌게 해주는 고마운 고객이라는 생각으로 동반자적인 관계를 맺어야 한다.

임차인과 관계가 좋아지면 상가 주인 입장에서는 매우 편하고 좋다. 장사가 아주 안 되는 경우가 아니라면 약속된 날짜에 맞춰서 월세를 입금해주고 사소한 하자는 스스로 해결하면서 청소 등 건물 관리까지 신경 쓴다. 반면 관계가 나쁘면 임차인이 해결할 수 있는 사소한 문제까지 해달라고 해서 번거롭게 하고 일부러 며칠씩 월세를 늦게 입금하기도 한다. 상가를 팔 때에는 매수인에게 상가의 단점이나 좋지 않은 점을 일부러 확대해서 말해 계약에 부정적인 영향을 주기도 한다. 장사가 정말 되지 않는 바람에 버티기 힘들어서 계약 연장을 하지 않지만 의외로 상가 주인과의 관계 때문에 힘들어서 하지 않는 경우도 많다. 어떻게 하면 임차인과 좀 더 좋은 관계를 유지할 수 있을까?

첫째, 상가 주인이라는 특권의식을 갖고 있기보다 먼저 인사하고 친구처럼 편안하게 다가간다. 임차인은 임대인인 상가 주인이 어렵고 눈치가 보여서 먼저 다가가기가 힘들다. 이런 어려운 관계일수록 먼저 다가가고 웃으면서 인사하면 관계 형성은 쉬워진다.

둘째, 하자 수리 요구가 접수되면 최대한 빨리 조치를 해준다. 사실 하자 수리를 해달라는 연락을 받으면 짜증이 난다. 하지만 더 짜증나는 사람은 장사하고 있는 임차인이다. 임차인이라고 좋아서 상가 주인에게 아쉬운 소리를 하겠는가? 하자 수리 요구를 받으면 최대한 빨리 처리해준다.

셋째, 이왕이면 단골손님이 되어 준다. 임차인의 업종이 식당이라면 동창회 등 모임 장소로 잡아서 매출에 도움을 준다. 주변 사람들도 자주 이용하게 하고 "상가 주인 친구다"라는 인사말을 꼭 하게 한다. 임차인 입장에서는 매출에 도움이 되도록 노력하는 상가 주인에게 고마운 마음이 들 것이므로 월세에 대해 아깝다는 생각을 하지 않을 것이다. 그렇다고 수시로 찾아가서 지나치게 친한 척하는 것은 오히려 부담을 줄 수 있으니 주의한다.

넷째, 월세 지급일에 대해서는 여유를 주자. 깜빡해서, 지급일에 자금이 부족해서 며칠 늦게 입금될 수도 있으니 하루 늦었다고 바로 전화해서 닦달하지 않는다. 월세 연체가 길어지거나 반복적으로 늦어지면 날을 잡아서 말해야 하지만 한 번 실수를 바로 지적하면 임차인의 기분만 상하게 할 뿐이다. 아무리 좋고 정당한 의도라고 해도 기분 좋은 충고나 잔소리는 없다.

다섯째, 감사 인사를 한다. 내 돈 투자한 상가이므로 정당하게 받는 월세지만 임차인은 그 월세를 내기 위해 한 달 동안 고생한다. 임차인이 땀 흘려 번 돈으로 월세를 받는데 감사 인사 정도는 아무것도 아니다. '월세, 감사합니다. 요즘 경기도 안 좋다는데 힘내세요' 정도의 휴대전화 문자는 보낸다. 별것 아닌 것 같지만 어렵게만 느껴지는 임대인에게 감사 문자를 받은 임차인은 없었던 힘도 날 것이다. 명절에는 작은 선물 하나 정도 해준다. 분명 그 이상의 가치로 돌아올 것이다.

여섯째, 월세 인하는 일시적으로 해준다. 코로나 이후 경제가 어려워지면서 임대료 인하를 요구하는 임차인이 늘어나는 상황이라고 해도 월세인 임대료 인하는 간단한 문제가 아니다. '요즘 장사가 안 된다고 하니 월세 좀 적게 받으면 어때'라면서 월세를 낮춰줬다가는 낭패를 보게 된다. 임대료 하락은 수익률 하락, 그리고 상가 가치 하락으로 이어진다. 착한 주인이 될 수는 있지만 투자에서는 손해를 보게 된다. 임차인과 좋은 관계를 맺는 것은 좋지만 손해를 보면서까지 착한 상가 주인이 될 필요는 없다.

주변 시세보다 임대료가 높지 않다면 임대료 인하 요구는 되도록 거절한다. 단, 일시적인 원인으로 내수 경기가 전체적으로 위축되는 바람에 매출이 떨어져서 어려워졌지만 이후 회복될 수 있는 상황이라면 일시적인 기간(3~6개월) 동안 조건부로 월세를 인하해준다.

일곱째, 임대료를 인상할 때에는 상황을 본다. 계약 기간이 만료되어 임차인이 연장한다고 하면 무조건 인상 요구를 하는데 임차인의 장사가 잘된다고 해도 무리하지 않은 범위 내에서 인상액을 정한다. 반대로 폐업을 고민하고 있는데 인상 요구를 하면 아예 나가버릴 수도 있으니 상황을 보면서 적절하게 판단한다.

마지막으로 임차인을 은인으로 생각한다. 상가 입지가 좋지 않은데 임차인이 장사를 잘해서 입소문이 나는 바람에 상가 인지도를 높였다면 향후 상가 가치까지 올라갈 수 있다. 이래서 임차인을 상가의 은인이라고 한다. 반대로 상가 입지가 정말 좋은데도 장사를 잘 못해서 상가 가치를 떨어뜨리는 임차인도 있다.

　장사는 감각이 있어야 하고 성실과 진실이 뒷받침되어야 성공한다. 임대료를 높게 주는 임차인도 좋지만 장사에 능력이 있는 임차인을 구하는 것도 중요하다. 잠재력은 있지만 자금이 부족한 임차인이라면 자리를 잡을 때까지 1년 동안 임대료를 낮게 받기로 했다가 1년이 지나면 매출에 연계해서 정상화하는 조건으로 계약하는 것도 고려해본다.

상가 재산세와 종합부동산세

상가 재산세

보유세의 대표격인 상가 재산세(이하 '재산세')는 건물과 토지를 보유했을 경우 다음 표에서 보듯이 매년 6월 1일 기준으로 건물은 7월, 토지는 9월에 전년도에 납부한 재산세액 1.5배 한도로 지방교육세(20%)와 함께 부과된다. 참고로 주택은 7월과 9월, 두 번 부과된다.

구분	기준	납기
건물	매년 6월 1일	매년 7월 16일 ~ 7월 31일
토지		매년 9월 16일 ~ 9월 30일

재산세는 과세표준에 재산세율을 곱해서 계산한다. 과세표준은 기준시가에 공정시장가액 비율을 곱해서 계산하는데 건물과 토지는 70%(주

구분		계산
재산세	건물	과세표준×재산세율
	토지	과세표준×재산세율
과세표준		기준 시가×공정시장가액 비율
공정시장가액 비율		건물 : 70% ∣ 토지 : 70% ∣ 주택 : 60%

택은 60%)의 공정시장가액 비율이 적용된다.

재산세율은 다음 표에서 보듯이 0.1~0.5%의 세율이 적용되지만 고급 오락장용 건물이나 별장 등 사치성 건물은 규제 차원에서 취득세와 같이 중과세율 4%가 적용된다. 단, 5년 사후 관리가 되는 취득세와 달리 재산세는 5년 사후 관리가 적용되지 않는다.

구분		재산세		
		과세표준	세율	누진공제
별도 합산 토지	사업용 토지	2억 원 이하	0.2%	–
		2억 원~10억 원 이하	0.3%	20만 원
		10억 원 초과	0.4%	120만 원
건물	골프장, 고급 오락장	–	4.0%	–
	공장	–	0.5%	–
	이외 건물		0.25%	–

건물 기준 시가 2억 원, 토지 공시 시가 2억 원인 상가건물의 재산세를 계산해보자. 건물 재산세는 35만 원[(2억 원×70%)×0.25%(이외 건물)], 토지 재산세는 28만 원이 나온다[(2억 원×70%)×0.2%(과세표준 2억 원 이하)].

상가 종합부동산세

상가 종합부동산세(이하 '종합부동산세')는 재산세와 더불어 대표적인 보유세지만 재산세와 달리 건물에는 부과되지 않고 토지(분리과세 토지는 과세 안 됨)와 주택에 대해서만 매년 6월 1일을 기준으로 12월 1일부터 12월 15일까지 15일간 전년도에 납부한 종합부동산세액의 1.5배 한도 내에서 부과된다. 그리고 농어촌특별세 20%가 부과된다.

토지든지, 건물이든지 금액이 크든지, 작든지 무조건 부과되는 재산세와 달리 상가 등 별도 합산 토지의 종합부동산세는 토지 공시 가격이 80억 원을 넘어야 종합부동산세 대상이 된다. 과세 기준 금액에 해당되지 않는다면 걱정할 필요가 없다.

종합부동산세 계산도 재산세처럼 과세표준에 부동산 종류별의 종합부동산세율을 곱하면 된다. 과세표준은 기준 시가에 별도 합산 토지분 공제 금액인 80억 원을 제한 후 공정시장가액 비율을 곱한다.

구분		계산
종합부동산세	건물	없음
	토지	과세표준×종합부동산세율
과세표준		(기준 시가−80억 원)×공정시장가액 비율
공정시장가액 비율		95%(2022년 100%)

상가의 종합부동산세 과세표준 구간과 세율은 다음과 같다.

구분		종합부동산세		
		과세표준	세율	누진공제
별도 합산 토지	영업용 건물 등	200억 원 이하	0.5%	−
		200억 원~400억 원 이하	0.6%	2,000만 원
		400억 원 초과	0.7%	6,000만 원
건물	골프장, 고급 오락장	종합부동산세 과세 대상 아님		
	공장			
	이외 건물			

기준 시가 10억 원, 토지 공시 지가 100억 원인 상가주택의 종합부동산세를 계산해보자. 건물 종합부동산세는 과세에서 제외되고, 토지 종합부동산세는 950만 원이 나온다[(100억 원−80억 원)×95%×0.5%]. 계산 편의상 재산세 세액 공제는 제외했다.

제 4 장
상권마다
다른
분석방법

+

2장에서는 상권 분석 3단계(배후 수요, 동선, 흐르는 자리)를, 3장에서는 상가 투자의 노하우를 알아봤다. 이제 4장에서는 각 상권별 특성과 투자 시 유의사항에 대해 알아보려고 한다.

같은 상권처럼 보여도 각 상권마다 독특한 특성과 차이점이 존재하기 때문에 상가 투자의 성공 확률을 높이려면 각 상권별 특성을 파악하고 있어야 한다.

지하철역
상권

해당 지하철 1일 이용객에 따라 유효 수요가 결정된다.
개통 예정이거나 계획 중인 지하철의 경우에는 추진 상황과 선반영된 가치까지 고려해야 한다.

아파트 가치 상승의 일등공신인 지하철역은 상권의 성장에도 큰 영향을 준다. 대중교통의 중심이 된 지하철은 엄청난 유동 인구를 흡수하면서 자연스럽게 유효 수요의 증가를 가져온다. 유효 수요가 늘어나니 당연히 장사는 잘되고 임대료도 오르고 공실 가능성이 줄어서 상가 가치도 올라가게 된다.

지하철역 상권은 많은 유동 인구가 다니면서 충동적인 소비를 하는 대표적인 충동형 상권이다. 유명 프랜차이즈 제과점, 패스트푸드점, 커피전문점, 화장품 매장, 분식점, 편의점, 휴대전화 대리점 등 충동형 업종이 많이 있다. 이런 특징을 가진 지하철역 상권에 자동차 대리점이나 카센터, 가구점, 철물점 등의 목적형 업종이 들어오면 매출 대비 높은 임대료만 낼 것이다. 출퇴근 시간에 집중적으로 많이 몰리는 지하철역 상권은 지하철을 타려는 목적을 가진 수요층이 빠른 움직임을 보일 수도 있어서 흐르는 자리가 될 가능성이 있는지 주의한다.

서울 및 수도권에는 1~9호선, 신분당선, 경의중앙선, 공항철도, 수인분당선, 인천 1~2호선 등이 거미줄처럼 연결되어 있다. 서울 및 수도권 지하철역은 670개가 넘고 지방의 지하철역까지 합치면 1,000개에 육박한다. 실로 어마어마한 숫자다. 지하철역 상권이 전국에 1,000개, 수도권에 700개 정도 있다고 할 수 있다. 물론 지하철역이라고 다 같은 지하철역은 아니다. 지하철 노선이 겹치는 환승역인지, 얼마나 많은 이용객이 다니는 골드라인의 지하철역인지 등에 따라 지하철역 상권의 규모는 차이가 난다.

2020년 기준, 하루 평균 이용승객이 가장 많은 지하철역은 2호선과 신분당선의 더블 역세권인 강남역이다. 무려 14만 명 정도가 매일 강남역을 이용하고 있다. 중소 도시 인구에 해당한다고 할 수 있다. 강남역 상권이 최고의 광역 상권이 될 수밖에 없는 이유다. 그 뒤로 잠실역, 고속터미널역, 서울역, 홍대입구역 등이 있는데 하루 10만 명 정도 이용하는 지하철역의 경우에는 지하철역 상권을 넘어 광역 상권으로 인정받는다.

이용객이 많으면 자연스럽게 상권이 성장하지만 그래도 지하철역 상권이 발달하려면 역 주변에 백화점, 영화관, 공연장, 유명 커피 전문점, 먹자골목 등 유효 수요가 소비할 수 있는 업종이 형성되어야 한다. 하지만 이미 개통한 지하철역 상권은 상가 가격과 임대료

[2020년 일평균 이용객 수가 많은 지하철역(서울)]

구분	역명	일평균 이용객 수(명)
1	강남	142,131
2	잠실	135,948
3	고속터미널	120,603
4	서울	116,152
5	홍대입구	113,395
6	선릉	106,642
7	신림	106,335
8	사당	104,884
9	구로디지털단지	98,113
10	가산디지털단지	97,508

• 출처: 서울교통공사

가 높게 형성되어 있어서 진입 장벽이 높다. 그래서 유동 인구가 많은 지하철역 상권이 좋다고 무턱대고 투자했다가 낭패를 볼 수도 있다. 이미 높아진 매매 가격 때문에 임대 수익률이 기대처럼 나오지 않을 수 있기 때문이다.

이러한 이유로 개통 예정이거나 계획 중인 지하철역 상권의 상가에 투자하려는 사람이 많은데 지하철역 개발 계획과 추진 상황을 면밀히 검토할 필요가 있다. 지하철역은 결코 쉽게 만들어지지 않는다. 사업 계획을 잡고 타당성 조사 등을 한 후, 통과 여부를 결정하는데 통과가 되어도 예산을 배정받아야 단계별로 착공한다.

착공이 되면 일단 큰 산은 넘었다고 할 수 있지만 예산 부족으로 사업 기간이 예상보다 길어지는 경우가 많다. 또한, 계획만 잡아놓은 채 10년이 넘도록 추진이 안 되기도 하므로 지하철 개통 호재가 있다고 묻지도 따지지도 않고 투자했다가 힘들어질 수 있다.

상가 투자는 아파트 투자와 다르다. 아파트는 지하철역이 빨리 개통되지 않아도 살면서 기다리면 되지만 상가는 상권이 빨리 형성되지 않으면 장사하는 임차인은 매출에 타격을 받고 임대인인 상가 투자자의 임대 수익률은 기대와 달리 낮아지게 된다. 신분당선 연장에 대한 기본 계획이 발표된 지 10년이 지났지만 착공은 고사하고 언제 사업이 시작될지 계획조차 나오지 않고 있다. 그런데도 연장 노선 중 하나인 호매실역이 들어설 호매실지구의 분양 현장에서는 아직도 신분당선 연장 호재를 홍보하고 있다. 신분당선이 연장되어 역이 개통되면 유동 인구가 늘어나면서 상권 자체가 한 단계 성장할 것은 분명하지만 개통을 해야 성장하는 것이다. 기대감만 갖고 상가 투자를 했다가는 그 피해는 고스란히 상가 투자자의 몫이다.

판교신도시, 광교신도시는 도시 개발 후 얼마 지나지 않아 지하철이 자연스럽게 개통되면서 상권이 빠르게 형성되었지만 위례신도시의 경우 현재 계획 중인 위례신사선, 트램(노면전차) 사업 등이 2021년 이후에도 완공될지 아직 기약이 없는 상황이다. 마곡지구처럼 지하철이 먼저 개통된 후, 도시가 건설되기도 하지만 대부분 택지 개발부터 하고 난 뒤에 한참 있다가 지하철이 개통되거나 예정인 경우가 많다.

도시부터 개발되고 시간이 흐른 뒤에 지하철이 개통되면 기대한 것만큼의 큰 변화를 느끼지 못하기도 한다. 처음부터 지하철 개통을 감안해 상권 설계를 했고 상가 분양 가격도 높아져서 지하철 개통 효과가 선반영된 현상이 생겼기 때문이다. 신분당선 개통 예정인 수원의 호매실역(예정) 주변에 있는 상가 가격은 이미 역이 개통된 것 같은 착각이 들 정도로 높은 수준이다.

개통이 완료되어 상권이 형성된 지하철역이라도 하루 이용객 중 유효 수요와 동선을 면밀히 검토해 투자금 대비 안정적인 임대 수익을 얻을 수 있는지 파악해야 한다. 아직 개통이 되지 않았거나 계획이 있는 역의 예정된 상권은 섣부른 투자보다는 추진 상황과 선반영된 가치까지 확인에 확인을 거듭한 다음에 타당성이 보일 때 선점하는 전략이 필요하다.

KTX역
상권

KTX 이용객은 기존 지하철역 이용객과 달리 여유가 없고 빨리 이동하려는 성향이 강하다.
KTX역 자체가 대중교통을 원활하게 환승할 수 있는 형태로 되어 있어서
주변 상권으로 유입되는 유효 수요가 많지 않다.

과거 기차역 주변에는 음식점, 숙박시설, 유흥업소 등이 꽤 많이 있었다. 지방으로 갈수록 기차역 상권은 해당 지역의 대표적인 중심 상권이었다. 하지만 고속열차인 KTX가 개통되면서 기차역의 상권 자체가 180도로 변했다.

요즘은 기차역이라는 말조차 쓰지 않는다. KTX역이라고 한다. 최근에는 SRT(수서발 고속열차)가 추가되면서 KTX와 경쟁하는 것처럼 보이지만 고속열차라는 관련성이 있으므로 보통 KTX역이라고 통칭해 부른다.

기존의 기차역을 확장해 그대로 사용하는 서울역, 용산역, 동대구역, 부산역 등을 제외한 나머지 KTX역 대부분은 기존의 기차역을 사용하지 않고 새롭게 개발되었다. 새로운 역이 개발되면 역 외에

도 중장기적인 개발 계획에 따라 해당 KTX역을 중심으로 주변 지역이 같이 개발된다. KTX 광명역의 경우 2004년 개통 당시 때만 해도 허허벌판에 덩그러니 KTX역만 있었다. "누가 이런 역을 이용하느냐?"라는 비판이 많았지만 2021년 지금에는 수도권의 서남권 교통 중심지로 거듭났으며 허허벌판이던 주변에는 대단지 아파트와 코스트코, 이케아, 롯데프리미엄아웃렛 등 대규모 편의시설이 들어오면서 미니 신도시가 되었다.

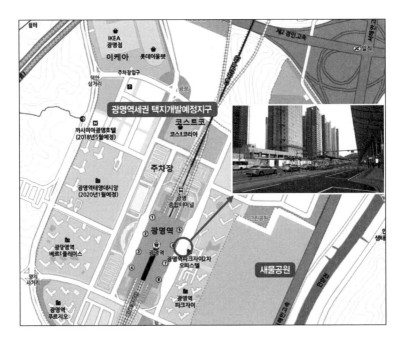

'KTX역 인접한 상가 선착순 분양'이라는 글이 적힌 광고를 한번쯤 봤을 것이다. 과연 KTX역 주변 상가를 분양받으면 괜찮을까?

과거 기차역처럼 이용객이 많은 KTX역 주변이니 당연히 장사가 잘될 것으로 생각할 수 있다. 하지만 현실에서는 그렇지 않다. KTX 역은 주변과 잘 어울리지 못하고 자신만의 세계에 빠져 있는 현대인처럼 다소 삭막하고 이기적인 특징을 갖고 있다. 과거 기차역과 달리 규모 자체가 크고 KTX역 안에서 이용객의 소비 대부분이 이뤄지도록 설계되었다. 커피전문점, 유명 프랜차이즈 제과점, 패스트푸드점, 분식점, 편의점 등 역 이용객들에게 필요한 각종 편의시설이 KTX역 안에 있다.

KTX를 이용하는 승객들은 느긋하게 소비를 할 여유가 없다. 어디론가 가는 승객은 출발 시간을 맞춰야 하고 짐이 있어서, 도착한 승객은 집이나 직장으로 빨리 가고 싶어서 굳이 KTX역 밖의 상가를 이용할 일이 없다. 예전에는 지방에 가면 1박을 해야 하는 경우가 많아서 기차역 주변에 숙박시설이 많았지만 요즘은 1일 생활권이라 일찍 움직이면 하루 만에 서울과 부산 간을 왕복할 수 있기 때문에 KTX역 주변에서 숙박시설을 찾아보기 어렵다.

지하철역은 대부분 도심이나 아파트 단지처럼 배후에 수요가 풍부한 곳에 있다. 역에서 내려도 마을버스를 타거나 걸어서 이동한다. 반면 KTX역은 도시 외곽에 있어서 도보보다는 자동차나 버스, 택시를 이용한다. 이런 KTX역 이용객의 성향을 감안해 KTX역은 대중교통 환승방식이 다음 페이지 그림처럼 설계되어 있다.

KTX역을 나오면 버스, 일반 차량, 택시 전용 도로로 구성되어 있다. 건너편 상가로 이동하려면 긴 횡단보도를 이용해 건너가야 한다. KTX역 안에서 필요한 소비를 할 수 있는데 굳이 횡단보도를 통

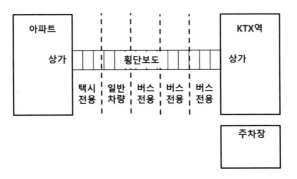

[KTX역 대중교통 환승방식]

아파트
상가

횡단보도

KTX역
상가

택시
전용 | 일반
차량 | 버스
전용 | 버스
전용 | 버스
전용

주차장

해 건너편 상가를 이용할 사람은 거의 없다(주변에 코스트코, 이케아 같은 특별한 매장이 있어서 일부러 역에서 나와 찾아가는 사람들이 있는 KTX 광명역은 극히 예외적인 경우다).

KTX역 인근 상가의 유효 수요는 KTX역 이용객이 아니라 상가의 배후에 있는 아파트 단지다. 배후에 있는 아파트 단지의 배후 수요를 제대로 확인해야 성공 확률을 높일 수 있다.

버스 터미널
상권

안에서 소비가 많이 이뤄지는 버스 터미널이라고 해도 도심에 있어서
주변 아파트 단지들의 배후 수요를 끼고 있으면 좋은 상권이 된다.

버스 터미널 상권은 기차역과 함께 오랫동안 전통적인 도심 상권에 자리 잡고 있다. 기차역은 KTX역이 개발되면서 이용객이 줄어들자 유명무실해지거나 폐쇄되기도 하고 공원으로 재탄생하기도 한다. 버스 터미널의 고속버스가 KTX에 밀려 점점 입지가 좁아지고 있지만 버스 터미널을 KTX역처럼 외곽에 새롭게 이전하는 것은 현실적으로 어렵다. 이전하려는 지역에 사는 주민들의 반대가 심하기 때문이다. 그래서 버스 터미널은 그대로 명맥을 유지하고 있다.

버스 터미널을 이용하는 사람들은 대부분 여행, 출장 등의 목적이 있어서 짐이 많다. 그리고 버스 터미널 안에도 편의점, 분식점, 커피 전문점 등이 많아서 굳이 밖으로 나가 소비를 하지 않는다. 오가는 사람은 아주 많지만 생각처럼 좋은 상권이라고 하기 힘들다. 하지만 예전보다 줄었다고 해도 버스 터미널이 기존 도심에 그대로 있어서 여전히 고정적인 이용객이 많다. 그래서 숙박시설과 각종 음식점 등이 여전히 건재하다. 버스 터미널 주변에 아파트 단지가 있다면 제법 괜찮은 상권이 형성되기도 하므로 버스 터미널 상권이라고 무조건 나쁘다고는 할 수 없다.

다음 그림은 동서울종합터미널이다. 2호선 강변역과 횡단보도로 연결되어 있고 주변에는 강변우성아파트, 자양한양아파트, 현대프라임아파트, 구의현대 2단지 아파트, 구의동현대 6단지 아파트 등 4,000세대가 넘는 아파트 외에도 CGV, 테크노마트 등 대형 쇼핑센터가 있어서 제법 좋은 상권이 형성되어 있다. 노후화가 되면서 예전보다 후퇴하고 있지만 현대식 복합 개발 계획이 예정되어 있다.

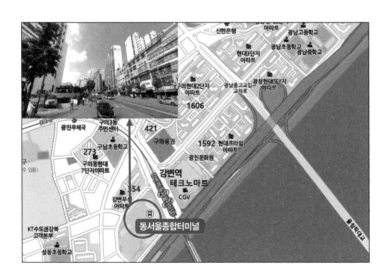

서초구 반포동에 있는 서울고속버스터미널은 지하철 3호선, 7호

선, 9호선이 연결된 트리플 역세권이며 신세계백화점 강남점, 센트럴 시티 등이 있어 강남 부촌 중 하나인 반포의 핵심 상권으로 자리 잡으면서 터미널 상권이라는 말이 무색할 정도로 고급 상권으로 형성되어 있다. 서울남부터미널에는 3호선 남부터미널역이 연결되어 있고 여러 주상복합아파트, 오피스텔, 오피스가 밀집되어 있다. 그리고 중랑구에 있는 상봉버스터미널 주변에도 7호선, 경춘선, 경의중앙선 등이 있으며 상업시설이 잘 형성되어 있다. 그렇지만 노후화가 되면서 상권이 후퇴하고 있다. 최근에는 터미널보다 주변 주상복합, 오피스텔의 영향을 더 받고 있지만 현대식으로 개발되면 주변 상권에 활력이 다시 생길 것이다.

언제가 될지는 모르겠지만 지하철역이 연결되어 있고 주변에 배후 수요까지 두터운 버스 터미널 상권이 이전하고 해당 부지가 개발된다면 매우 큰 호재다. 서울 도심 알짜 부지에 자리 잡은 대형 버스 터미널 부지가 개발된다면 상권 자체가 한 단계 업그레이드될 수 있기 때문이다.

지금은 많은 고속버스 이용객을 잡기 위해 백화점, 쇼핑몰과 연계해 복합 쇼핑센터로 탈바꿈한 사례를 쉽게 볼 수 있다. 버스 터미널 밖으로 잘 나오지 않으니 안에서 유효 수요를 최대한 잡겠다는 전략인데 좋은 성과를 내고 있다. 서울고속버스터미널은 신세계백화점, 수원버스터미널은 NC백화점, 부천종합터미널은 쇼핑몰 소풍과 손을 잡았다. 인천종합버스터미널은 신세계백화점과 함께 하다가 계약 연장문제로 분쟁이 생긴 이후 롯데백화점과 손을 잡았다.

병원
상권

대형 병원은 기대와 달리 주변 상권에 큰 영향을 주지 못한다.
반면 동네 병원은 대부분 동네 상권 중심에 있어서 주변 상권에 도움이 된다.

"대형 병원이 들어오면 상권이 좋아진다는데 주변 상가에 투자해도 될까요?"

한 고객이 강서구 마곡지구 내 이대서울병원 인근 상가 투자 여부에 대한 현장 조사를 부탁했다(조사 당시에는 짓고 있었으며 지금은 개원했다).

다음 그림에서 보듯이 조사 의뢰를 받은 상가는 2개였다(A, B). 현장에서 확인해보니 두 상가 모두 5호선 발산역에서 도보 3분 거리에 있었는데 고객이 투자하려는 물건은 1층이 아니었다. A 상가의 경우 2층에 있는데 현재 미용 관련 업종이 장사 중이었다. 전용면적은 12평이고, 매매가는 4억 원이며 보증금 2,000만 원에 월세 90만 원(수익률 2.8%)이었다. B 상가의 경우 3층에 있는데 상가건

물이 오래된 느낌을 받았다. 대지 지분이 12평이고, 매매가는 3억
원이며 보증금 300만 원에 월세 80만 원(수익률 3.2%)이었다.

A 상가는 2,198세대의 우장산힐스테이트아파트를 배후 수요로
갖고 있어서 안정적인 유효 수요를 자랑하지만 수익률이 2.8%다.
상가 수익률이라고 하기에는 낮은 수준이다. 길 건너에 이대서울병
원이 개원하면 좋아질 것이라는 기대감이 호재로 작용하고 있었다.
B 상가는 재건축이 필요할 만큼 노후화된 상가건물 같았다. 현재
공사 현장 사무실 용도로 사용하고 있는 것 같았다. 그래서 이대서
울병원이 완공되면 공실 가능성을 생각할 필요가 있어 보였다.

이대서울병원 개원이 호재가 되어 상권이 좋아지고 그때에 적합
한 업종의 임차인이 나타나거나 상가건물 재건축 움직임이 본격화
될 것이라는 기대감을 갖고 있었던 고객에게 필자는 모두 투자 보

류를 제안했다.

A 상가는 안정적이기는 하지만 대형 병원이 개원한다고 해서 수익률이 크게 개선될 것 같지 않았다. 역세권에다 대단지 아파트라는 배후 수요 장점이 이미 반영된 상황에서 대형 병원 개원은 그리 큰 호재가 되지 않을 가능성이 높았다. B 상가 역시 수익률이 개선될 가능성은 낮고 오히려 공실 가능성이 있었다. 상가건물이 재건축되면 좋겠지만 아직 아무런 움직임이 없으니 이후 몇 년이 걸릴지 모르는 불확실한 상황에 3억 원(투자금)이라는 큰돈을 장기간 묻어두는 것은 큰 리스크다.

면회객 등 유동 인구가 엄청나게 많고 의사, 간호사, 병원 직원 등 상주 인원 역시 매우 많은 대형 병원이 개원하는데 왜 호재가 아니냐고 반문할 수 있다. 그런데 현실적으로 대형 (종합)병원 주변 상권은 그리 활성화가 되지 않는다. 삼성서울병원(강남), 강남세브란스병원, 이대목동병원, 서울아산병원 등을 보면 주변 상권에 병원이 큰 힘이 되지 않음을 알 수 있다. 그 이유는 대형 병원의 특성에서 찾아볼 수 있다.

요즘 대형 병원은 그냥 병원이 아니다. 복합시설로 봐야 한다. 병원 안에 편의점, 커피전문점, 프랜차이즈 제과점, 다양한 음식점, 심지어 은행까지 있다. 굳이 병원 밖으로 나갈 이유가 없다. 병원 이용객은 대부분 아픈 환자의 보호자이거나 면회객이라서 병원 주변을 돌아다니면서까지 소비를 할 마음과 시간적 여유가 없다. 의사, 간호사 역시 매우 바쁘기 때문에 출퇴근 때가 아니라면 주변 상권으로 나갈 여유가 없다. 당연히 주변 상권이 대형 병원 덕을 보기가 쉽지 않다. 또한, 돈 되는 장례식장이 대형 병원 내에 같이 있는 경우가 많아서 주거 밀집 지역이나 상권이 발달한 지역에서 다소 떨어져 있는 점도 원인이다.

대형 병원이 들어오면 주민 입장에서는 좋은 일이지만 생각처럼 상권 활성화에는 큰 도움이 되지 않는다. 주변 아파트의 가격이 크게 오를 이유도 없기 때문에 개원 전에는 기대감이 높을지 몰라도 막상 개원하고 나면 기대만큼 큰 효과가 나오기 어렵다는 점을 염두에 두고 투자 전략을 세울 필요가 있다.

반면 동네 상권에 위치한 (개인)병원은 대형 병원과 다르다. 동네 병원이라고도 불리는데 주민들의 접근이 용이한 곳을 선호하기 때문에 해당 지역에서 가장 상권이나 입지 여건이 좋은 자리에 있는 경우가 많다. 큰 병이 아니라면 대부분 동네 병원으로 가기 때문에 오가면서 커피도 마시고 빵도 사먹는 등 추가적으로 소비가 이뤄지면서 주변 상권 활성화에도 도움이 된다.

동네 병원의 업종에 따라 상권의 수준을 판단할 수도 있다. 보통 안과는 그 수가 많지 않아서 상권의 핵심 입지에 자리 잡는다. 안과가 있다면 좋은 상권일 가능성이 높다. 그리고 이용객이 많은 소아과, 내과, 이비인후과 등이 있는 상가건물의 약국 자리는 인기가 높다. 반면 이용객이 많지 않고 약도 많이 조제하지 않는 치과, 정형외과 등이 있는 상가건물은 같은 병원이라도 너무 큰 기대를 하지 않는다.

관공서
상권

일반 상권과 달리 관공서 상권의 경우 주말, 공휴일에는 한산하다.
접대문화가 많이 사라지면서 관공서 상권에 있는 고급 음식점, 유흥업소 수요도 많이 줄었다.

'법원 이전 호재, 특급 상가 선착순 분양 마감 임박', '법조 타운의 프리미엄 기회를 잡아라' 등의 관공서 주변의 상가 분양 광고를 봤을 것이다.

법원이 이전해서 오면 법원에 근무하는 고정 배후 수요뿐만 아니라 법원을 이용하는 많은 유동 인구로 인해 주변 상권이 활성화될 수 있으니 상가 투자의 좋은 기회라고 생각한다. 하지만 현실에서는 기대하는 것과 같은 효과를 얻지 못할 수 있으므로 관공서 상권의 특성을 제대로 파악할 필요가 있다.

법원, 세무서, 도청, 시청, 구청 등 관공서를 중심으로 형성된 관공서 상권은 예전과 달리 큰 변화의 시기를 맞고 있다. 토요일까지 근무하고 접대가 잘못된 관행이라는 개념조차 없던 과거에는 관공서 주변마다 먹자골목이 형성되었고 나름 안정된 상권을 구축하고 있었다. 점심시간에도 고급 음식점에 손님이 많았고 저녁 시간에는 각종 접대가 이어지면서 술집과 노래방은 호황을 누렸다. 하지만 지금 그런 이야기를 하면 호랑이 담배 피던 시절이라는 소리를 들을 정도로 과거의 모습을 찾기 힘들다. 공휴일은 말할 것도 없고 주 5일 근무의 영향으로 주말에도 매우 한산하다. 최근에는 대체 공휴일 등 근로자를 위한 정부의 휴일 관련 혜택이 시행되면서 쉬는 날이 더 늘고 있다.

시대가 달라지면서 공무원의 근무 태도에도 변화가 생겼다. 예전처럼 관공서 주변에서 먹고 마시면서 유흥을 즐기는 모습은 현저히 줄었다. 특히 (일명) 김영란법 시행으로 조금이라도 오해를 만들지 않기 위해 접대에 대해 부담을 느껴 같이 식사하는 것조차 거절하고 있다. 이런 현상을 반영하듯이 관공서 주변 고급 음식점들의 매출이 줄어들면서 매우 어려운 현실에 직면해 있다. 폐업을 하거나 다른 업종으로 전환하기도 한다.

그렇다면 관공서 상권의 상가는 무조건 피해야 하는 걸까? 그렇지 않다. 3장에서 설명했듯이 직접 장사를 하는 상가 창업자라면 피해야 할 상권이지만 임대 수익만 얻으면 되는 상가 투자자라면 관공서 상권의 특성을 잘 활용할 필요가 있다.

법원을 예로 들어보자. 접대가 줄어들면서 저녁 시간 장사가 잘 안 되고 주말, 공휴일도 힘든 상권에서는 편의점, 커피전문점 등을 제외하고는 쉽지 않다.

하지만 월세를 받는 것이 목적인 상가 투자자라면 분양가가 비싼 1층 상가보다 2층 이상 상가에 투자해서 변호사나 법무사 사무실로 임대하면 안정적인 임대 수익을 얻을 수 있다. 법원이 이전해 오면 법원 근처에는 변호사나 법무사 사무실 수요가 급증한다. 그리고 고급 음식점, 노래방 등보다 민원인들의 점심식사 수요를 겨냥한 중저가 음식점 등이 가능한 상가라면 투자를 고려해볼 만하다.

오피스
상권

오피스 상권은 주말과 공휴일에는 한가한 반면, 출퇴근과 점심시간에는 인산인해를 이룬다.
그래서 점심시간의 유효 수요만 보고 섣불리 투자를 결정해서는 안 된다.

출근 시간 때에 직장인이 많이 다니는 가산디지털단지역, 판교역 (판교테크노밸리) 등에 가보면 어디서 이렇게 많은 사람이 오는지 놀랄 정도다. 그래서 직장인이 많은 오피스 상권에서는 어떤 장사를 해도 잘될 것 같다는 생각이 들기도 한다. 하지만 오피스 상권은 예상과 달리 손 바뀜이 자주 일어나는 대표적인 상권이다. '이렇게 사람이 많은데 장사가 안 된다고?'라고 생각할 수 있지만 눈에 보이는 것이 다가 아니다.

회사가 많아서 직장인이 많이 몰리는 오피스 상권의 경우 점심시간 때에는 가게마다 손님이 가득 차 있다. 조금이라도 유명한 음식점이라면 줄을 서서 기다려야 하고 커피전문점 역시 주문하려는 손님들의 줄이 늘어서 있다. 이런 모습만 보면 '대박'이라는 단어가 그냥 떠오른다. 하지만 이런 모습만 보고 상가 투자를 결정했다가는 실패의 지름길로 내몰릴 수 있다. 대박과 같은 모습은 하루 중 점심 시간인 오전 11시 30분에서 오후 2시 사이에만 나타날 뿐이고 나머지 시간대에는 반대의 모습이 나타난다. 저녁 식사도 하니 저녁 시간에도 손님이 많을 것으로 생각할 수 있지만 야근하는 경우가 아니라면 저녁 식사를 회사 근처에서 먹는 직장인은 거의 없다.

오피스 상권은 관공서 상권과 비슷해서 복잡한 점심시간에 비해 저녁 시간 때에는 비교적 한가하며 주말과 공휴일에는 더 한가하다. 유동 인구(직장인)의 움직임은 점심시간을 제외하고는 출퇴근 시간에 집중되어 있다. 특히 출근 시간 때에는 회사의 정해진 출근 시간을 맞추기 위해 수많은 유동 인구가 빠르게 움직인다. 그래서 수많은 유동 인구 중에 상가로 유입되는 유효 수요는 극히 제한적 이다. 출근하느라 바쁜데 한가하게 상가에 들러 소비하는 직장인은 거의 없기 때문이다. 모닝 커피 하나 정도 사는 직장인은 많지만 상권 전체에 활력을 줄 정도는 아니다.

퇴근 시간에도 사람이 많지만 출근 시간 때 정도는 아니다. 다만 출근 시간 때에 비해 퇴근 시간에는 다소 마음의 여유가 있어서 약속을 잡고 저녁 식사나 술자리를 갖는 수요가 있어 역 주변 상가들의 매출이 올라가기도 한다. 하지만 비싼 임대료와 매출이 떨어지는 주말 장사를 감안하면 점심 식사 수요와 저녁 시간의 가벼운 모임 수요만으로 월세와 인건비를 부담하는 것은 쉽지 않다.

오피스 상권의 경우 1층 상가는 오피스 상권의 특성을 잘 알고 차별화된 전략이 있는 상가 창업자들이 집중해야 그나마 성공 가능성을 높일 수 있다. 임대 수익이 목적인 상가 투자자라면 상가보다는 차라리 오피스 임차 수요를 겨냥한 오피스 투자가 더 적합할 수 있다.

예전에는 강남의 테헤란로 일대, 광화문, 여의도 등이 대표적인 오피스 상권이었다면 최근에는 지식산업센터라고 불리는 아파트형 공장 단지가 주목받고 있다. 이 중에서도 회사와 직장인의 수가 폭발적으로 증가하고 있는 판교테크노밸리, 구로디지털밸리, 가산디지털밸리, 문정지구 일대의 지식산업센터 등과 방송사들이 몰려 있는 상암동 DMC(디지털미디어시티), 그룹 계열사들이 사옥을 짓고 있는 마곡지구 등이 새로운 오피스 상권이라고 할 수 있다.

최근에는 서울 성수동, 하남시 미사, 동탄신도시, 안양시, 군포시, 인천시 등에도 지식산업센터들이 조성되면서 오피스 상권이 만들어지고 있다. 유행이라고 보일 정도로 공급이 늘어나는 추세이므로 예전보다 좀 더 상권 분석을 할 필요가 있다.

백화점과
복합 쇼핑몰 상권

백화점은 대표적으로 좋은 광역 상권이다. 백화점 자체 수요가 많아서 주변 상권에 도움이 된다.
하지만 복합 쇼핑몰과 대형 아웃렛은 주변 상권에 큰 도움이 되지 않는다.

온라인 쇼핑몰이 발달하면서 예전과 같은 절대적인 지위는 잃고 있지만 백화점은 여전히 쇼핑문화의 꽃이자 왕이다. 백화점이 있는 상권은 광역 상권의 중심이며 하루 유동 인구 10만 명 이상 또는 배후 수요 50만 명은 확보한다고 볼 수 있다.

백화점 '빅 3'는 롯데백화점, 신세계백화점, 현대백화점이다. 롯데 백화점은 본점(서울 중구 소공동)을 포함해 서울에만 10개 지점, 전국에 걸쳐 30개가 넘는 지점을 갖고 있다. 베트남, 러시아 등 해외에도 지점이 있다. 신세계백화점, 현대백화점은 전국에 걸쳐 10여개 지점이 있다(아웃렛은 제외). 이외에도 AK플라자, NC백화점 등과 지방 백화점이 있다. 어느 정도 인지도가 있는 백화점이 있다면 해당 지역의 도심 상권이라고 봐도 된다.

물론 백화점이라고 해서 다 같은 백화점이 아니다. 백화점도 규모와 업종 구성에 따라 급(級)이 달라진다. 백화점의 급만 알아도 상권의 규모와 수준을 알 수 있다. 누구나 아는 샤넬, 에르메스, 루이비통, 프라다 등의 해외 명품 매장이 입점해 있으면 A급 광역 상권이라 할 수 있는데 서울에서는 롯데백화점 본점과 잠실점, 신세계백화점 강남점, 현대백화점 무역센터점과 판교점, 부산에서는 신세계백화점 센터시티점, 롯데백화점 센터시티점 정도가 해당된다. 해외 명품 매장이 있는 백화점의 유효 수요 범위는 매우 넓다. 지방에서도 해외 명품 쇼핑을 위해 올라가기도 한다. 이와 관련해 고급 소비 수요를 빼앗는 빨대 효과라는 말이 생겼다. 고속도로나 고속철도의 개통으로 이동이 편해지자 컵의 음료를 빨대로 빨아들이듯이 대도시가 주변 중소도시의 인구나 경제력을 흡수하는 대도시 집중 현상을 빨대 효과라고 한다.

고속철도나 고속도로의 개통으로 이동 시간이 획기적으로 줄어들자 백화점 등의 고급 상권에도 변화가 불고 있다. KTX역이 생기면 주변 상권이 좋아질 것으로 기대를 많이 했는데 개통하고 보니 오히려 소비 수요가 KTX를 타고 더 큰 상권으로 이동하는 것이 아닌가. 특히 지방의 돈 많은 소비층이 서울의 백화점으로 가서 돈을 쓰고 있다. 이 빨대 효과 때문에 고급 소비층을 뺏긴 지방의 백화점은 소비 전략을 수정할 수밖에 없게 되었다.

백화점에 고정적으로 오가는 사람들도 주변 상권에 상당한 긍정적인 영향을 끼친다. 백화점은 고급 쇼핑센터이기 때문에 고객을 상대하는 점원 수가 많다. 고정적인 상주 인원이 제법 많아서 퇴근한 밤 8시 이후에는 주변 상권의 매출 증가로 이어지게 된다.

최근에는 전통적인 백화점 형태에 변화가 생기고 있다. 젊은 층을 겨냥해 대형 마트, 극장, 유명한 맛집 등을 다 입점시켜서 모든 쇼핑을 원 스톱으로 즐길 수 있는 복합 쇼핑몰 형태로 진화하고 있다. 롯데는 롯데몰이라는 이름으로 은평, 수원, 김포공항 등에서, 신세계백화점은 스타필드라는 이름으로 강남(코엑스몰), 하남, 고양 등에서 사업을 펼치고 있다. 앞으로도 이런 복합 쇼핑몰은 좀 더 확대될 가능성이 있다.

기존 백화점과는 달리 원 스톱으로 모든 쇼핑이 다 해결되는 복합 쇼핑몰은 주변 상권 활성화에 큰 도움이 되지 않는다. 규모가 매우 크기 때문에 대부분 도심보다는 다소 외곽에 있어서 차를 이용하는 고객이 거의 대부분이다. 그리고 복합 쇼핑몰 안에서 모든 것이 해결되는데 굳이 걸어서 주변 상권으로 나갈 이유가 없다. 오히려 주말만 되면 교통 체증이 심해진다. 그래서 복합 쇼핑몰이 생긴다고 너무 큰 기대를 갖고 주변 상가에 투자하는 것은 주의한다.

그렇다면 아웃렛의 상권은 어떨까? 롯데백화점은 파주, 이천, 김해 등에서, 신세계백화점은 (신세계사이먼이라는 이름으로) 파주, 시흥, 여주 등에서, 현대백화점은 송도, 김포 등에서 아웃렛 사업을 하고 있다. 아웃렛도 구찌, 프라다 같은 해외 명품이 있으면 프리미엄 아웃렛으로 구분된다. 급이 달라지는 것이다.

아웃렛도 복합 쇼핑몰처럼 외곽에 있고 모든 쇼핑을 원 스톱으로 할 수 있는 구조라서 주변 상권에 큰 도움이 되지 않는다. 혹시라도 프리미엄 아웃렛이 생긴다면서 주변 상가에 투자를 권유받는다면 신중하게 생각하길 바란다.

대형 마트
상권

대형 마트는 백화점과 달리 이용객의 특성과 종업원의 수, 영업시간 등을 감안하면
주변 상권에 큰 도움이 되지 않는다. 반면 기업형 슈퍼마켓은 도움이 된다.

'○○마트가 들어오면 동네 상권이 다 죽는다'라는 논리로 대형 마트 개설을 반대하는 목소리가 있다. 또 동네 상권과 전통 시장을 살린다는 이유로 대형 마트 의무 휴업제도(월 2회 휴무)를 시행하고 있다. 그런데 대형 마트가 주변 상권에 미치는 영향에 대해 잘 모르는 탁상행정 느낌이 강하다. 월 2회 휴무를 한다고 해당 휴무일에 전통 시장에 갈까? 휴무일이 아닌 다른 날에 가면 되고 휴무일이라도 온라인 쇼핑몰을 이용하면 된다. 전통 시장은 주차가 어려우며 여름에는 덥고 겨울에는 춥다. 원하는 물건을 찾기도 어렵다. 자동차를 이용해 쇼핑이 편한 대형 마트로 가는 소비자의 모습은 당연한 것일지도 모른다.

대형 마트 의무 휴업 등의 규제로 가장 큰 이익을 본 곳은 전통 시장이나 동네 상권이 아니라 해당 규제에서 빠진 하나로마트다. 농협이 운영하는 하나로마트 일부 매장은 대형 마트가 휴무인 날에는 소비자로 넘쳐난다. 전통 시장을 살린다는 명분으로 하나로마트를 살리려는 의도가 아닌지 의심이 들 정도다. 동네 상권과 전통 시장을 살리려면 의무 휴무가 아니라 판매 수량 규제가 좀 더 효과적이다. 대량으로 포장해서만 팔고 소량 판매는 하지 않는 것이다. 소량 구매를 하려는 소비자는 동네 상권으로 가도록 유도한다.

대형 마트는 생활의 트렌드가 된 지 오래다. 대형 마트는 규모가 크고 음식 재료부터 생활용품, 전자제품, 의류까지 그 종류가 매우 다양하다. 대형 마트가 백화점과 비슷해 보이지만 주변 상권에 미치는 영향에는 차이가 있다. 백화점은 지역 중심에 있으면서 지하철역과 연계된 경우가 많고 주변 상권과 함께 성장한다. 하지만 대형 마트는 중심 상권이 아닌 외곽에 위치해 있어서 주변 상권에 미치는 영향은 제한적이다(중심 상권에 있는 대형 마트도 있지만 일부다).

백화점에서는 물건을 많이 사기보다는 고급 제품 위주로 소량 구매를 한다. 그래서 '백화점에 간다'라고 하면 단순히 물건 구매를 넘어 쇼핑하면서 스트레스도 풀고 즐기겠다는 의미가 강하다. 백화점에 가면 물건 하나만 사고 나오지 않는다. 돌아다니면서 구경만 하는 윈도 쇼핑(Window Shopping)도 하고 맛있는 음식도 사먹고 친구를 만나서 수다 떨다가 백화점 밖으로도 나가서 돌아다닌다.

하지만 대형 마트에 가는 소비자의 주목적은 장을 보는 것이다. 주말에 심심해서, 여름철에 더워서 아이와 함께 장도 볼 겸 놀러 가기도 하지만 일단 가면 쇼핑 카트에 생필품을 잔뜩 담는다. 대형 마트 안에서 식사를 하기도 하지만 굳이 밖에 있는 상가로 나가지 않는다. 장을 본 짐이 한가득인데 돌아다닐 생각을 하지 못하는 것이다. 바로 차 트렁크에 실었다가 집으로 가기 바쁘다. 그래서 대형 마트에는 차를 갖고 가는 소비자가 대부분이지만 의외로 백화점에는 대중교통을 이용해 가는 소비자가 많다. 차를 타고 가는 소비자는 주변 상권으로 유입이 잘되지 않는 반면, 대중교통을 이용하거나 걸어 다니는 소비자는 소비 반경이 넓어 주변 상권으로 흡수가 잘된다. 결과적으로 주변 상권 입장에서 대형 마트는 도움이 되지 않고 백화점은 도움이 많이 된다.

또한, 영업시간과 종업원 수에서도 차이가 발생한다. 대형 마트는 대부분 밤 10시 넘어서까지 영업한다. 그리고 상품 진열 등에 필요한 최소 인원만으로 운영되고 있다. 밤 10시가 넘은 시간에 나온 마트 직원들이 주변 상권에 도움이 될 리는 만무하다. 반면 백화점은 밤 8시 정도면 문을 닫는다. 좀 더 좋은 서비스를 제공하기 위해 종업원 수도 많다. 그래서 백화점의 종업원이 퇴근 후에는 주변 상권으로 유입되면서 도움이 된다.

물론 단독적으로 있지 않고 대형 주상복합이나 쇼핑몰 안에 입점하는 형태의 대형 마트는 주변 상권에 도움이 되기도 한다. 서울역 내 롯데마트, 용산역 내 이마트, 메세나폴리스(합정역) 내 홈플러스, 메타폴리스(동탄신도시) 내 홈플러스, 망우역 근처에 있는 상봉프레미어스엠코 내 홈플러스 등은 수요 흡수가 가능해서 주변 상가에

230

긍정적인 영향을 준다.

대형 쇼핑몰에 입점해 있는 형태가 아니라 일반적인 형태의 단독적인 대형 마트는 주변 상권에 큰 도움이 되지 않기 때문에 대형 마트가 생긴다고 해서 큰 호재로 생각할 필요도 없고 수요를 빼앗길 것이라는 지나친 걱정을 할 필요도 없다.

이마트에브리데이, 홈플러스익스프레스, 롯데슈퍼 등 기업형 슈퍼마켓은 동네 상권에 자리를 잡고 있고 도보로 소량의 장을 보는 동네 소비자들이 주로 이용해서 주변 상권에 도움이 된다. 이런 기업형 슈퍼마켓이 있다면 동네의 유효 수요는 편의점 이상으로 어느 정도 확보하고 있다고 보면 된다.

09
학교
상권

일반 학교 상권은 교육환경보호구역과 관련된 규제를 받는 업종을 알아야 한다.
그리고 대학교 상권은 범위별로 구분할 필요가 있다.

학교 상권은 초등학교, 중학교, 고등학교를 포괄하는 '일반 학교 상권'과 '대학교 상권'으로 구분된다. 일반 학교 상권은 초등학생, 중학생, 고등학생이 주요 소비층으로 학원, 분식점, 문구점 등이 형성되어 있다. 예전에는 일반 학교 상권도 나름 괜찮았다. 학교 앞에는 중국집, 분식점, 문구점, 그리고 노점상들까지 있었으며 규모는 작아도 어느 정도 상권으로 볼 수 있었다. 하지만 요즘에는 학교 상권이 많이 위축되었다. 학교에서 급식을 제공하고 있고 학교 앞 문구점보다는 대형 마트에 갔을 때 학용품을 구입하는 소비 변화의 영향 때문이다.

학교 인근에 상권이 형성되었다면 학교만을 위한 상권이라고 보지 말자. 학교가 동네 상권에 있으면 주변 아파트 단지의 배후 수요도 보고 있는 것이다. 특히 신도시나 택지지구에서는 아파트 단지, 학교, 상업시설을 적절히 배치하기 때문에 요즘은 일반 학교 상권이라는 말은 큰 의미가 없다. 단, 일반 학교의 경우에는 교육환경보호구역(구 학교정화구역)제도의 영향을 받는다는 것을 알아야 한다. 학교 정문에서부터 직선거리 50미터까지인 지역(절대보호구역), 학교 경계 등으로부터 직선거리 200미터까지인 지역 중 절대보호구역을 제외한 지역(상대보호구역) 이내에는 청소년에게 해가 되는 유흥업소 등은 들어갈 수 없다는 제도다. 이처럼 일반 학교 주변에서 영업할 수 있는 업종이 제한되므로 일반 학교 상권에 투자하려면 이에 대해 충분히 감안하면서 전략을 세운다. 지금은 심의를 받아야 하고 진입이 거의 불가능하지만 예전부터 영업을 하고 있었다면 희소가치가 생겨서 권리금이 형성되기도 한다.

대학교 상권은 일반 학교 상권보다 선택의 폭이 좀 넓다. 대학교에도 교육환경보호구역이 적용되지만 당구장, 오락실, PC방, 만화가게, 노래연습장, DVD방 등은 허용되기 때문이다. 그리고 대학교는 규모 자체가 일반 학교와 비교가 안 될 정도로 학생 수도 많으며 학생당 소비 금액 자체도 차이가 크다. 교내 식당이 있지만 밖에서 밥을 사먹기도 하고 친구들과 술을 마시고 당구도 치는 등 비교적 소비를 많이 한다.

대학교 상권에는 식당, 술집, 노래연습장, 커피전문점 등이 있는데 성인보다 주머니 사정이 얇은 대학생의 특성을 감안해 전반적으로 판매 가격대가 저렴하게 책정되는 경향이 있다. 또한, 방학이 꽤 길어서 1년 중 절반 정도는 매출이 감소할 수밖에 없다. 저렴한 가격대와 긴 방학 기간은 대학교 상권의 특징인데 대학교 상권에서 장사하는 임차인 입장에서는 부담스러운 부분이기도 하다. 몇 년 전부터는 대학교들이 새 건물을 지으면서 1층이나 지하에 커피 전문점, 음식점 등을 입점시키는 바람에 학생들이 밖이 아니라 교내에서 소비하자 대학교 주변 상권의 주름은 더욱 깊어지고 있다.

대학교 상권이라고 다 같은 대학교 상권은 아니다. 매우 활성화가 된 대학교 상권에는 대학생만 있지 않다. 다른 대학교의 학생들뿐만 아니라 일반인들까지 유입되면서 광역 상권으로 성장한다. 이런 대표적인 대학교 광역 상권이 홍대입구역으로 알려진 홍익대 상권이다. 홍익대 상권은 기존 대학교 문화에 인디 밴드, 클럽 등이 결합되면서 젊은 문화를 대표하는 광역 상권으로 확장되었다. 억 단위의 상가 권리금은 기본이고 임대료 역시 높다. 홍익대 상권의 땅값도 3.3m^2당 8,000만 원에서 1억 원 이상으로 강남 수준이라고 할 수 있다. 현재 이 홍익대 상권은 합정역, 망원역까지 확장 중이다.

건대입구역이 연결된 건국대 상권은 서울 동부권의 대표적인 대학교 상권이다. 더블 역세권(2호선과 7호선)에다 먹자골목과 로데오 거리가 잘 형성되어 젊은 층의 유입이 많다. 롯데백화점이 있는 스타시티몰 덕분에 고급 수요까지 유입되고 있다. 서울대입구역의 샤로수길에도 먹자골목이 점점 활성화되면서 이제는 다른 지역에서도 찾아오는 신흥 상권으로 주목받고 있다.

234

카페
상권

커피 시장은 업체 간에 경쟁이 점점 치열해지고 있다.
커피 시장과 연결되는 카페 상권은 문화 카페 상권과 신도시 카페 상권으로 구분할 수 있다.

카페 상권을 설명하기에 앞서 커피전문점에 대한 이해부터 할 필요가 있다. 한동안 급격한 성장세로 창업 열풍의 선봉장이었던 커피전문점의 열기가 한풀 꺾였다. 국내 토종 커피전문점 성공 신화로 한때 스타벅스와 비교되던 카페베네는 이제 주변에서 찾아보기가 어려워졌다. 반면 스타벅스는 계속 승승장구해 독보적인 1위가 되었다. 2~4위인 투썸플레이스, 이디야커피, 커피빈의 매출을 합쳐도 1위 스타벅스의 매출을 넘을 수 없을 정도다.

스타벅스의 차별화된 경쟁력은 신세계라는 대기업의 자금력을 앞세운 직영점 전략(스타벅스코리아의 지분은 미국 스타벅스 본사와 이마트가 각각 50%씩 갖고 있었는데 현재는 이마트가 지분 67.5%로 대주주에 올랐음)과 종업원들의 맨 파워, 평균 이상의 맛과 편리하면서 고급스러운 인테리어, 다양한 스타벅스 굿즈, 그리고 '스타벅스'라는 명품 이미지 등이라고 할 수 있다. 커피값은 비싸지만 많은 사람이 찾고 있다.

국내에서는 스타벅스가 입점하면 상가건물 자체가 더욱 사는 효과까지 있다. 상가 분양 때 하는 광고 중에 '스타벅스 입점 확정'도 있다. 그런데 스타벅스가 입점한다는 점 때문에 상가건물이 고평가가 될 수 있으니 주의한다. 스타벅스가 입점하면 좋지만 그래도 상권 분석은 상권 분석대로 꼼꼼하게 해야 한다.

스타벅스와 더불어 요즘 잘 나가는 커피전문점이 바로 이디야커피와 빽다방이다. 이디야커피와 빽다방은 스타벅스와는 반대로 중저가 정책으로 성공했다. 스타벅스가 1위라고 해도 모든 사람이 다 스타벅스에 가지 않는다. 저가 커피를 원하는 사람도 있는데 이디야커피와 빽다방은 이런 사람들을 집중 공략해서 꾸준하게 성장하고 있다. 고객층이 중복되지 않기 때문에 스타벅스 옆에 매장을 내는 전략을 쓰기도 했다.

프랜차이즈가 아니라 직접 커피전문점을 차리려는 개인 창업자는 자금과 기술뿐만 아니라 차별화된 사업 전략과 충분한 고민이 필요하다.

국내 커피 시장은 여전히 성장하고 있지만 경쟁이 치열해지면서 무조건적인 성장세는 끝났고 이제 무한 경쟁체제로 돌입했다. 브랜드 가치와 평균 이상의 맛과 서비스를 제공하는 프랜차이즈에 맞대결을 하면 현실적으로 이기기 어렵다. 좋은 입지의 상가에 들어가면 높은 임대료 때문에 버티기 어렵고 상권이 아직 형성되지 않은 상가에 들어가면 자칫 파리만 날리다 끝날 수 있다.

개인 창업자는 임대료가 높은 A급 상권과 지나치게 외진 C급 상권이 아니라 B급 상권에다 좀 작게 시작하는 것이 좋다. 그리고 브랜드 가치가 떨어진다는 단점을 맛과 가격, 양으로 승부하는 전략이 필요하다. 그렇다고 스타벅스의 커피 맛이 평균 이상은 되지만 그렇게 맛있지는 않으니 고급 원두를 사용해 맛으로 승부하겠다는 전략은 실패 가능성이 높다. 커피 맛 때문에 특정 커피전문점을 찾는 사람은 의외로 많지 않다. 스타벅스 커피와 비슷한 맛을 내면서 1,000원 정도 저렴하고 양을 좀 더 준다면 충분히 경쟁력을 확보할 수 있다.

이제 카페 상권을 이야기해보자. 현재 내가 커피전문점을 직접 운영하거나 내가 투자한 상가의 임차인이 커피전문점을 하고 있는데 옆에 또 다른 커피전문점이 생기면 매출 감소로 이어질 것을 걱정하는 사람이 많다. 물론 공급이 늘어나므로 당연히 걱정되겠지만 커피전문점은 서로 모여 있을수록 시너지 효과가 발생한다. 시너지 효과가 생기는 업종은 커피전문점 외에도 음식점, 귀금속 매장, 병원 등이 있다. 다양한 커피전문점이 모여 있으면 커피 마실 일이 생긴 소비자는 일단 모여 있는 곳으로 가서 어디로 갈지 결정한다. 그래서 카페, 디저트전문점이 하나둘 모이면서 카페 거리가 만들어지는 것이다.

'카페 상권'이란 여러 커피전문점이 모여 카페 거리가 형성된 상권을 말한다. 이런 상권에는 커피전문점뿐만 아니라 스파게티가게, 디저트전문점 등도 자연스럽게 많아진다. 이 카페 상권은 서울 도심 골목길에서 성장하고 문화와 전통을 입힌 '문화 카페 상권'과 새롭게 조성된 택지지구 내 상가주택단지에 형성된 '신도시 카페 상권'으로 나뉜다.

문화 카페 상권은 오래된 구도심 골목길에 아기자기하면서 독특하고 세련된 음식점과 커피전문점이 생기면서 SNS, 입소문을 타고 성장했다는 특징을 갖고 있다. 대표적으로 용산 경리단길, 신사동 가로수길, 삼청동 카페 거리가 큰 인기를 끌었었고 최근에는 성수동 카페 거리, 망원동 망리단길, 연남동 연리단길, 서울대입구역 샤로수길 등이 인기를 끌고 있다. 문화 카페 상권이 형성되려면 접근성을 높이기 위해 지하철역이 있어야 하고 소비자가 천천히 걸으면서 재미를 느낄 수 있는 골목, 사용하지 않는 철로 등 전통과 문화가 같이 있어야 한다. 예전에 경주에 상가 조사를 하러 갔을 때 황리단길이라는 카페 거리를 알게 되었다. 황남동에 있는 길이라서 서울의 경리단길이라는 이름을 차용해 지은 것 같았다. 서울에서 내려온 상가 창업자들이 개발했다고 한다.

신도시 카페 상권은 신도시 등 택지지구에 새롭게 조성된 상가주택 단지나 주상복합아파트 1층 라인에 대부분 형성되어 있다. 판교신도시, 분당신도시, 광교신도시, 동탄신도시 등 신도시 대부분에는 카페 거리가 하나 이상 있다. 하천이나 공원 등을 끼고 있어서 더 좋은 카페 거리가 만들어지기도 한다.

상가 투자자들은 분양 상가만 고집하지 말고 카페 상권이 형성될 만한 지역의 1층 상가를 선점하거나 아예 직접 장사를 하는 상가 창업자가 되는 것도 좋은 투자 전략이다. 물론 화려하게 보이는 모습 이면에는 치열한 경쟁이 있으므로 꼼꼼한 상권 분석이 뒤따라야 한다.

부가가치세

호텔 등에서는 부가세를 별도로 받는다. 그 점을 알고 있으면서도 부가
가치세가 따로 부과된 영수증을 받으면 살짝 당황하기도 한다. 사실 우리
나라는 부가가치세를 포함해서 판매 가격을 책정하기 때문에 우리가 느
끼지 못했을 뿐이지 공급하는 물건이나 서비스에는 요금의 10% 상당의
부가가치세가 포함되어 있다. 판매자가 대신 신고해서 납부하고 있다.

상가에도 취득할 때부터 양도할 때까지 부가가치세가 따라 다닌다.
부가가치세(Value Added Tax, VAT)는 재화의 생산 및 유통과정에서 상품
에 부가하는 가치에 대해 정부가 부과하는 세금인데 상가 취득 및 양도
때에는 건물 공급 가액에, 보유 때에는 임대 소득에 부과된다.

취득 및 양도 시 주택은 부가가치세가 면제되지만 주택 외 상가를 포함
한 부동산을 거래할 때에는 부가가치세가 부과되며 토지는 면세가 된다.

상가와 주택이 혼합된 상가주택의 경우 취득 및 양도 시에는 사업용
건물 면적에 대해서는 부가가치세가 부과된다. 임대할 때에는 임차인별
로 주택부분은 부가가치세가 면제되며 상가부분만 부가가치세가 부과

된다.

부가가치세 신고 관련해서 법인의 경우 분기당 1회, 개인의 경우 일반과세자는 반기당 1회, 간이과세자는 연 1회 신고 및 납부를 한다. 과세 대상 기간 및 신고와 납부 기간은 다음과 같다.

사업자	과세자	과세 대상 기간	신고 납부 기간
개인	일반과세자	1월 1일~6월 30일	7월 1일~7월 25일
		7월 1일~12월 31일	다음 해 1월 1일~1월 25일
	간이과세자	1월 1일~12월 31일	다음 해 1월 1일~1월 25일
법인		1월 1일~3월 1일	4월 1일~4월 25일
		4월 1일~6월 30일	7월 1일~7월 25일
		7월 1일~9월 30일	10월 1일~10월 25일
		10월 1일~12월 31일	다음 해 1월 1일~1월 25일

부가가치세를 적게 내기 위해 매매 금액을 낮춰서 신고하기도 하는데 토지와 건물의 공급 가액 구분은 원칙적으로 계약서에 건물과 토지를 구분해 기재하는 것을 인정한다. 구분 기준이 합리적이지 않으면 인정하지 않는다. 계약서에 구분되지 않으면 감정 평가 비율, 기준 시가 비율 등으로 인분 계산한다.

양도인(상가 파는 사람)이 일반과세자라면 건물분 공급 가액 10%의 부가가치세가 발생하는데 양수인(상가 사는 사람)에게 세금계산서를 발급하고 부가가치세를 받아서 납부하면 된다. 양수인은 공급 가액의 10%에 해당하는 부가가치세를 양도인에게 줘야 하지만 세금계산서를 받고 과세 기간 말일부터 20일 이내에 일반과세자로 사업자 등록을 하면 해당 부가가치세를 환급받을 수 있다.

양수인이 일반과세자가 아닌 간이과세자라면 양도인에게 지급한 부가가치세를 환급받을 수 없지만 그 대신 취득가액에 합산되어 향후 양도할 때 양도차익을 줄일 수 있다.

양도인이 간이과세자라면 공급 가액의 3%(임대업 경우)에 해당하는 부가가치세가 발생하는데 간이과세자는 세금계산서를 발급할 수 없어서 양수인으로부터 부가가치세를 받을 수 없다. 양수인은 부가가치세 10%를 내지 않아도 된다.

양도인이 미등록 사업자라면 부가가치세 납부 의무가 없지만 미등록 기간에 부가가치세가 과세되는 거래를 했다면 사업자 등록 여부에 관계없이 실질적인 부가가치세법상 사업자에 해당되어 과세될 수 있다. 비영리법인이 임대 등 영리 활동을 위해 상가를 구입할 때 사업자 등록을 별도로 하면 부가가치세 환급이 가능하지만 목적 사업(종교 활동 등)에 사용하기 위해 구입했다면 부가가치세 환급이 안 된다.

양도인이 상가 취득 때에 환급을 받고 10년이 경과되지 않은 상황에서 매매할 경우 양수인이 면세사업자라면 이후 더 이상 부가가치세가 발생하지 않기 때문에 환급받은 부가가치세 중 10년 내 미경과한 기간에 대한 부가가치세를 추징당할 수 있다.

매매 때 발생하는 부가가치세를 생략하고 싶다면 포괄양수도 계약으로 한다. 포괄양수도 계약은 사업장별 사업용 자산을 비롯한 인적, 물적 시설 및 사업상 권리와 의무를 포괄적으로 승계하는 것인데 양도인의 모든 권리와 의무를 양수인이 승계함으로써 부가가치세가 생략될 수 있다. 양도인, 양수인이 과세사업자이고 사업 전체를 조건 변경 없이 양도 및 양수해야 하며 동일한 업종이어야 포괄양수도 계약이 성립된다.

포괄양수도 계약으로 매매 계약을 한다면 양도일이 속하는 달의 말일부터 25일 내에 부가가치세 확정 신고를 해야 하며 사업 양도 계약서를 첨부한 사업 양도신고서를 양도인이 당해 사업장의 부가가치세 확정 신고 시 제출한다.

사업 양도 계약서는 별도로 작성하는 것이 일반적이지만 그렇게 하지 않고 싶다면 매매 계약서의 특약사항 기재 등의 작업을 하면 된다. 그렇게 하면 실질적인 포괄양수도 계약으로 인정받는다. 단, 면세 사업자가 과세 사업을 겸업하면 면세 사업은 포괄양수도 계약이 불가능하다. 포괄양수도 계약을 원한다면 계약 전에 미리 공인중개사에게 의사를 밝힌 뒤, 거래 당사자와 협의해 진행한다.

매매 때 발생하는 부가가치세 관련해서 과세자의 종류에 따라 좀 더 알아보자.

다음 페이지 표에서 보듯이 일반과세자는 연 8,000만 원 이상이 대상이다. 공급 가액의 10% 부가가치세를 개인의 경우 반기당 1회, 법인의 경우 분기당 1회 납부해야 한다. 세금계산서 발급 의무가 있고 당연히 양수인으로부터 부가가치세를 징수할 수 있다.

[매매 시 사업자별 부가가치세 환급 및 세금계산서 발급 여부]

구분	일반과세자	간이과세자	비고
부가가치세 기준	연 8,000만 원 이상	연 8,000만 원 미만	연 4,800만 원 미만 납부 면제
부가가치세 계산	공급 가액×10%	공급 대가×3%	부동산 임대업 부가가치율 30% 공급 가액(부가가치세 제외) 공급 대가(부가가치세 포함)
세금계산서 발급 의무	있음	없음	매매: 양도인 → 양수인 임대: 임대인 → 임차인
부가가치세 신고 및 납부	법인 1회 / 분기 개인 1회 / 반기	연간 1회	매매: 양도인 → 세무서 임대: 임대인 → 세무서
부가가치세 징수	가능	불가능	매매: 양도인 ← 양수인 임대: 임대인 ← 임차인
부가가치세 환급	가능	불가능	매매: 양수인 ← 세무서 임대: 임차인 ← 세무서

• 주: 간이과세자 3%=업종별 부가가치율(부동산 임대업 30%)×10%

　　간이과세자는 연 8,000만 원 미만이 대상이다(부동산 임대업과 과세 유흥업은 이전과 동일하게 4,800만 원, 연 4,800만 원 미만은 납부 면제). 공급 대가의 3%(임대업) 부가가치세를 연 1회 납부해야 하며 세금계산서 발급 의무가 없기 때문에 양수인으로부터 부가가치세를 징수할 수 없다.

　　매매가 아닌 상가를 분양받았다면 건물의 공급 가격에 대해 부가가치세가 발생하며 분양가에 부가가치세가 포함되어 있다. 일반과세자(간이과세자는 안 됨)로 사업자 등록을 해서 분양받은 물건을 주거용이 아닌 사업용으로 사용하면 부가가치세를 환급받을 수 있다. 사업자 등록 시점은 보통 분양 계약을 체결할 때인데 공급 시기가 속한 달의 과세 기간 말일부터 20일 이내에 사업자 등록 신청을 하면 부가가치세 환급이 가능하다.

　　이제 부가가치세를 직접 계산해보자. 다음 페이지 표에서 보듯이 매매가는 2억 4,000만 원이고 계약서에 토지, 건물이 구분되어 있지 않은 상가다. 토지와 건물이 구분되어 있지 않기 때문에 토지 기준 시가와 건물 기준 시가를 인분 계산으로 해야 한다.

토지의 기준 시가가 1억 원, 건물의 기준 시가가 5,000만 원이라고 하자. 토지의 경우 '1억 원÷(1억 원+5,000만 원)', 건물의 경우 '5,000만 원÷(1억 원+5,000만 원)'을 매매가에 곱한다. 토지 공급 가액은 (약) 1억 6,000만 원, 건물 공급 가액은 (약) 8,000만 원이 된다. 부가가치세의 경우 토지는 면제가 되므로 건물 공급 가액의 10%인 (약) 800만 원이 건물의 부가가치세가 된다.

[부가가치세 계산 예]

구분	가격	계산법
매매가	2억 4,000만 원	-
토지 기준 시가	1억 원	-
건물 기준 시가	5,000만 원	-
토지 공급 가액	(약) 1억 6,000만 원	2억 4,000만 원×(1억 원÷1억 5,000만 원)
건물 공급 가액	(약) 8,000만 원	2억 4,000만 원×(5,000만 원÷1억 5,000만 원)
건물 부가가치세	(약) 800만 원	건물 공급 가액×10%

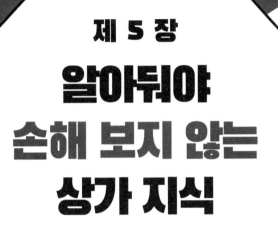

제 5 장
알아둬야
손해 보지 않는
상가 지식

상권 분석의 기술, 성공적인 상가 투자를 위한 노하우, 상권
별로 필요한 파악방법까지 알아봤다. 이제 실패하지 않는
상가 투자를 할 수 있겠다는 자신감이 생겼을 것이다.
마지막으로 상가 투자를 할 때 필요한 법 지식에 대해 알아
보고자 한다. 다소 딱딱하고 어렵다는 생각이 들겠지만 시
험공부가 아니므로 외우려고 하기보다 '이런 정보가 있구나'
정도로 이해힌 다음, 차후에 필요할 때 관련 법 조항을 찾아
보면 된다.

상가의
용도 변경

내 상가라도 용도 변경이 쉽지 않을 수 있다.
상가에 투자한다면 상가의 용도 변경에 대한 개념 정도는 알아두는 것이 좋다.

상가를 구입하고 임대할 때 업종과 용도 변경을 제대로 알고 있어야 한다. 상가건물의 용도에 적합한 업종인지, 용도 변경이 필요한지, 용도 변경 없이 바로 입점할 수 있는지에 대한 판단이 필요하기 때문이다. 상가 투자를 할 때 공인중개사가 알아서 처리를 해주지만 그래도 개념을 이해하고 있는 경우와 모르고 있는 경우 간에는 분명 차이가 있다.

상가가 준공된 다음에 용도를 변경하려면 변경부분이 건축법 등의 기준에 적합해야 한다. 건축법상 건축물의 용도는 다음 표처럼 9개의 시설군(최상위군 1군→최하위군 9군)으로 분류되고 시설군 내 29가지 용도로 구분된다.

상가의 용도를 변경하려면 건축물대장에서 건축물의 용도를 확

[건축법상 시설군에 속하는 건축물의 용도 분류]

구분	시설군	용도 분류
제1군	자동차 관련 시설군	가. 자동차 관련 시설
제2군	산업 등 시설군	가. 운수시설 나. 창고시설 다. 공장 라. 위험물 저장 및 처리시설 마. 분뇨 및 쓰레기 처리시설 바. 묘지 관련 시설 사. 장례식장
제3군	전기 통신시설군	가. 방송 통신시설 나. 발전시설
제4군	문화 집회시설군	가. 문화 및 집회시설 나. 종교시설 **다. 위락시설** 라. 관광 휴게시설
제5군	영업시설군	**가. 판매시설** **나. 운동시설** 다. 숙박시설 **라. 제2종 근린생활시설 중 고시원**
제6군	교육 및 복지시설군	가. 의료시설 **나. 교육연구시설** 다. 노유자시설 라. 수련시설
제7군	근린생활시설군	**가. 제1종 근린생활시설** **나. 제2종 근린생활시설(고시원 제외)**
제8군	주거 업무시설군	가. 단독 주택 나. 공동 주택 **다. 업무시설** 라. 교정 및 군사시설
제9군	그 밖의 시설군	가. 동물 및 식물 관련 시설

인한 후, 용도 변경행위 허가 대상인지, 신고 대상인지, 그리고 가능 여부를 판단한다. 용도 변경이 가능하다면 시장, 구청장 등 관할 지 방자치단체장의 허가를 받거나 신고를 해야 한다. 또 같은 시설군 안에서 용도를 변경해야 한다면 건축물대장 기재 내용의 변경 신청

을 해야 한다.

정리해보면 상가의 용도 변경은 허가 대상, 신고 대상, 건축물대장 기재 내용 변경 신청 대상, 건축물대장의 기재 내용 변경 신청 없이 할 수 있는 대상 등 이렇게 4가지로 분류된다.

허가 대상

하위군 용도를 상위군 용도로 변경할 때에는 '허가 대상' 여부를 확인한다. 하지만 허가될 가능성은 10% 정도로 낮아서 현실적으로 쉽지 않다. 용도 변경 허가를 위반하면 3년 이하의 징역 또는 5,000만 원 이하 벌금에 처해진다.

예를 들어, 바닥 면적이 $200m^2$인 단독 상가건물이 있다(제2종 근린생활시설임). 1층에는 은행, 2층에는 영어학원이 있고 3층은 공실이다. 3층에 수학학원이 들어올 수 있을까? 가능하다. 학원은 건축물 용도가 바닥 면적 $500m^2$ 미만이면 제2종 근린생활시설(7군), $500m^2$ 이상은 교육연구시설(6군)이다. 영어학원과 수학학원의 바닥 면적 합이 $400m^2$로 $500m^2$를 넘지 않아서 제2종 근린생활시설 그대로 가능하기 때문이다.

그런데 각 층 바닥 면적이 $200m^2$가 아닌 $300m^2$라면 달라진다. 3층에 수학학원이 입점하면 2층 영어학원과 바닥 면적 합이 $600m^2$로 $500m^2$ 이상이 되어 제2종 근린생활시설(7군)에서 교육연구시설(6군)로 용도 변경을 해야 한다. 하지만 하위군에서 상위군으로의 용도 변경은 허가 대상이라 쉽지 않다. 특히 집합 건물이 아닌 단독

건물이라서 새로 입점하는 3층 수학학원뿐만 아니라 영어학원으로 사용 중인 2층까지 교육연구시설로 용도 변경을 해야 하기 때문에 상당히 어렵다고 할 수 있다. 단독 상가건물이 아니고 구분 등기된 집합 상가건물이라면 2층(영어학원)은 용도 변경을 할 필요가 없고 입점하려는 3층(수학학원)만 용도 변경을 하면 된다.

신고 대상

상위군 용도를 하위군 용도로 변경할 때에는 '신고 대상' 여부를 확인한다. 50% 이상 가능해서 허가 대상에 비해 가능 여부가 높다고 할 수 있다. 신고 의무 위반 시 용도 변경을 하고자 하는 부분의 10%에 해당하는 금액에 대한 이행 강제금이 부과된다.

예를 들어, 바닥 면적이 $200m^2$인 상가건물이 있다(제2종 근린생활시설임). 1층은 공실이고, 2층에는 결혼상담소, 3층에는 출판사가 있다. 1층에 공인중개사사무소가 들어올 수 있을까?

공인중개사사무소, 출판사 등 일반 업무시설의 건축물 용도는 바닥 면적의 합이 $500m^2$ 미만이면 제2종 근린생활시설(7군), $500m^2$ 이상이면 업무시설(8군)에 해당한다. 2층 결혼상담소와 3층 출판사가 일반 업무시설이고 이미 $400m^2$를 사용하고 있기 때문에 1층 $200m^2$를 공인중개사사무소로 사용하면 전체 $600m^2$가 된다. $500m^2$ 이상이 되어 등록증이 발급되지 않는다.

제2종 근린생활시설(7군)에서 업무시설(8군)로 용도 변경을 해야 하는데 상위군에서 하위군으로의 용도 변경이 되므로 신고 대상이 된다.

건축물대장 기재 내용 변경 신청 대상

같은 시설군 안에서 용도를 변경한다면 건축물대장 기재 내용 변경 신청을 하면 된다(건축법 제19조 제3항). 이 경우에는 90% 이상 가능하므로 크게 걱정하지 않아도 된다.

예를 들어, 바닥 면적 250㎡인 단독 상가건물이 있다고 해보자(제1종 근린생활시설임). 1층은 공실이고, 2층에는 롯데리아가 있다. 1층에 스타벅스가 입점할 수 있을까?

롯데리아, 스타벅스 같은 휴게음식점은 바닥 면적의 합이 300㎡ 미만이면 제1종 근린생활시설(7군)이고, 300㎡ 이상이면 제2종 근린생활시설(7군)이다. 2층 롯데리아가 250㎡를 사용하고 있는 상황에서 1층 250㎡에 스타벅스가 입점하면 바닥 면적은 총 500㎡가 된다. 300㎡ 이상이 되므로 제2종 근린생활시설로 용도를 변경해야 한다.

하지만 걱정할 필요는 없다. 제1종 근린생활시설(7군)에서 제2종 근린생활시설(7군)으로의 변경은 동일 시설군 내 용도 변경이므로 건축물대장 기재 내용 변경 신청을 하면 되기 때문이다. 파리바게뜨 같은 제과점도 바닥 면적의 합이 300㎡ 미만이면 제1종 근린생활시설(7군)이고, 300㎡ 이상이면 제2종 근린생활시설(7군)로 건축물대장 기재 내용 변경 신청으로 용도 변경이 가능하다.

한식집, 일식집, 중식당, 분식집, 레스토랑, 삼겹살전문점, 한우고

기전문점, 횟집, 호프주점, 바(Bar), 퓨전주점 등의 일반 음식점은 바닥 면적 제한이 없는 제2종 근린생활시설이다. 제1종 근린생활시설인 상가에 일반 음식점인 한우고기전문점을 입점시키려면 제2종 근린생활시설로 용도 변경을 해야 한다. 물론 제1종 근린생활시설과 제2종 근린생활시설은 같은 7군이기 때문에 건축물대장 기재 내용 변경 신청으로 비교적 쉽게 할 수 있다.

건축물대장 기재 내용 변경 신청 없이 할 수 있는 대상

동일 용도에 속하는 건축물 간의 용도를 변경할 때에는 건축물대장 기재 내용 변경 신청 없이 가능하다. 예를 들어, 공인중개사사무소(7군의 제2종 근린생활시설)를 일반 음식점(7군의 제2종 근린생활시설)으로 용도 변경하는 경우에는 기재 내용 변경 신청을 하지 않아도 된다. 업종별 용도 지역과 건축물 용도는 다음 표와 같다.

업종	구분	영업증 업종	용도 지역	건축물 용도
식품 접객업	휴게음식점(패스트 푸드점, 커피전문점 등)	신고	전용 주거 지역 제외	바닥 면적이 300㎡ 미만이면 1종 근생 300㎡ 이상이면 2종 근생
	일반 음식점 (한식집, 일식집 등)	신고	전용 주거 지역 제외	바닥 면적 제한 없음 2종 근생
	제과점 (빵, 떡, 과자 등)	신고	전용 주거 지역 제외	바닥 면적이 300㎡ 미만이면 1종 근생 300㎡ 이상이면 2종 근생
유통 관련업	노래연습장	등록	전용 주거 지역 제외	바닥 면적 제한 없음 2종 근생
	PC방	등록	전용 주거 지역 제외	바닥 면적이 300㎡ 미만이면 2종 근생 300㎡ 이상이면 판매시설

업종	구분	영업증 업종	용도 지역	건축물 용도
체육 시설업	당구장	신고	전용 주거 지역 제외	바닥 면적이 500㎡ 미만이면 2종 근생 500㎡ 이상이면 운동시설
	스크린 골프장	신고	전용 주거 지역 제외	바닥 면적이 500㎡ 미만이면 2종 근생 500㎡ 이상이면 운동시설
학원	학원	등록	전용 주거 지역 제외	바닥 면적이 500㎡ 미만이면 2종 근생 500㎡ 이상이면 교육연구시설
고시원	고시원	신고	전용 주거 지역 제외	바닥 면적이 500㎡ 미만이면 2종 근생 500㎡ 이상이면 숙박시설

영업증이 필요 없는 자유 업종

상가 업종에 따라 영업 신고, 등록, 허가를 받아야 한다.
영업신고증 등이 필요 없는 자유 업종이라면 용도 변경에서 자유로울 수 있다.

상가에서 장사를 하려면 업종에 따라 법에서 정한 일정한 요건을 충족해야 하며 관할 관청에 영업신고증(신고 업종), 영업등록증(등록 업종), 영업허가증(허가 업종)을 발급받은 다음에 영업해야 한다. 이렇게 업종에 따라 신고나 등록, 허가를 받아야 하는 업종은 입점하려는 건축물의 용도와 맞지 않으면 용도를 변경해야 한다.

용도 변경은 앞에서 알아봤듯이 하위군 용도를 상위군 용도로 변경하는 경우라면 가능성이 낮은 허가 대상이고 상위군 용도를 하위군 용도로 변경하는 경우라면 신고 대상이다. 또 같은 시설군 안에서 용도를 변경하는 경우라면 건축물대장 기재 내용 변경 신청을 해야 하고 동일 용도에 속하는 건축물 간의 용도 변경을 하는 경우라면 변경 신청 없이 할 수 있다. 결국 동일 용도에 속하는 건축물 간의 용도 변경이 아니라면 허가, 신고, 변경 신청 등을 해야 하는데 그리 번거롭지 않더라도 만에 하나 허가 대상이 되면 현실적으로 허가를 받기가 쉽지 않아서 미리 확인하지 못했다가 곤란해질 수 있다.

하지만 일정한 요건만 충족하면 영업신고증 등의 발급이 필요 없는 자유 업종이 있다. 임차인의 업종에 제한이 없어 자유롭게 영업할 수 있어서 용도 변경을 신경 쓰지 않아도 되니 임대인 입장에서는 참 편하다.

예를 들어 보자. 편의점이 입점하려는 상가의 용도가 업무시설로 되어 있다면 용도 변경을 해야 할까?

편의점은 건축법상 소매점으로 규정되어 있어서 건축물의 용도가 제1종 근린생활시설(7군)이나 판매시설(5군)일 때 입점할 수 있다. 업무시설(8군)이라면 용도 변경을 해야 하는데 하위군(8군)에서 상위군(7군 또는 5군)으로의 변경인 허가 대상이라 쉽지 않다. 하지만 편의점은 허가나 신고 등록이 필요 없는 자유 업종으로 분류되기 때문에 용도가 일치하지 않아도 입점이 가능하다.

그리고 여기 바닥 면적이 $400\,m^2$인 상가건물이 있다(제1종 근린생활시설임). 1층에는 슈퍼마켓이 있고, 2층은 공실이며 3층에는 서점이 있는 상가(근생)빌딩이다. 1층의 슈퍼마켓이 장사가 잘되자 공실인 2층도 슈퍼마켓으로 하려고 한다. 용도 변경에 문제는 없을까?

2층에 입점하려는 슈퍼마켓은 같은 건축물에 해당 용도로 쓰는 바닥 면적의 합계가 $1,000\,m^2$ 미만이어야 한다. 그런데 1층, 3층의 사용 면적을 합하면 800㎡인 상황에서 2층에 추가 입점하는 슈퍼마켓의 400㎡까지 더하면 총 1,200㎡가 된다. 원칙적으로 2층에 슈퍼마켓을 입점시키려면 제1종 근린생활시설(7군)을 판매시설(5군)로 용도 변경해야 한다. 하지만 슈퍼마켓 역시 세무서에 사업자 등록만 하고 영업할 수 있는 자유 업종이기 때문에 문제가 없다.

임차인을 구할 때 고려해야 하는 상가의 용도 변경은 공인중개사가 해야 할 일이다. 실제 임대차 계약을 할 때 공인중개사에게 "상가의 용도 변경은 문제가 없는 거죠?"라는 질문과 용도 변경에 대한 특약을 꼼꼼히 작성해 문제가 생기지 않도록 해야 한다.

영업증 필요 여부에 따른 주요 업종 분류는 다음 표를 참고한다.

영업증 필요 여부	구분	업종
영업증이 필요한 업종	허가 업종	단란주점, 유흥주점, 성인오락실, 신용정보업, 유료 직업소개소, 의약품 도매상 등
	등록 업종	공인중개사사무소, 독서실, 노래연습장, PC방, DVD방, 청소년 오락실, 약국, 의원, 학원, 안경점 등
	신고 업종	일반 음식점, 휴게음식점, 제과점, 당구장, 스크린 골프장, 체육 도장, 고시원, 동물병원, 목욕탕, 미용실, 세탁소, 식육점 등
영업증이 필요 없는 업종	자유 업종	의류, 화장품, 신발점, 슈퍼마켓, 편의점, 휴대전화 대리점, 가구점, 서점, 자동차 대리점, 꽃집 등

다중 이용 업소의
안전 관리 의무

다중 이용 업소에는 스프링클러, 안전시설 완비증명서 등 안전 관리에 대한 의무가 있다.
다중 이용 업소에 해당되는 업종이라면 안전 관리에 좀 더 신경을 쓴다.

살아가면서 지진, 태풍, 홍수, 화재 등 재해로 큰 피해를 입을 수 있다. 인간이 어쩔 수 없는 자연 재해를 제외하고 가장 위험한 재해가 바로 화재다.

홍수는 일기예보를 통해서 어느 정도 예측과 예방이 가능하지만 화재는 언제 어디서 발생하는지 알 수가 없다. 화재가 발생했을 때 초기 대처를 제대로 하지 못하면 큰 인명사고로 이어지기 때문에 미리 화재에 대한 예방 노력을 할 필요가 있다. 그래서 건축물의 화재에 대한 안전 관리 의무는 매우 중요하다.

고시원, 노래방 등 불특정 다수가 이용하는 다중 이용시설에 비상구, 간이 스프링클러 등 소방시설을 의무적으로 설치하도록 하는 법이 '다중 이용 업소의 안전 관리에 관한 특별법'이다. 사회적으로 화재 등 대형 재난사고에 대한 안전 의식이 높아지면서 안전에 대한 요구가 커지고 있고 법이 계속적으로 개정되면서 강화되고 있는 중이다. 화재 등이 발생하면 생명과 재산에 큰 피해가 발생할 수 있는 다중 이용 업소는 스프링클러 설치 및 안전시설 완비증명서, 방염필증 등을 받아야 하며 화재 배상 책임보험 가입 의무가 있다.

스프링클러 설치

지하층에 다중 이용 업소가 들어온다면 스프링클러는 무조건 설치해야 한다. 산후조리원과 고시원의 경우에는 피난층(1층)을 제외하고 모두 설치해야 한다. 실내 권총사격장, 안마시술소, 스크린 골프장은 신규 임대나 승계 임대, 내부 구조 변경 시 예외 없이 스프링클러를 설치해야 한다.

안전시설 완비증명서

시설물이 소방 관련 규정에 맞았을 때 안전시설 완비증명서를 발급한다. 예전에는 소방필증이나 소방시설 완비증명서로 불렸다. 다중 이용 업소는 안전시설 완비증명서, 방염필증이 있어야 영업신고증 등을 관할 관청에서 발급받을 수 있기 때문에 승계 임대나 신규 임대 시 반드시 확인해야 한다.

같은 다중 이용 업소로 업종이 변경되는 승계 임대의 경우 내부 구조나 시설 변경이 있다면 안전시설 완비증명서를 다시 발급받아야 하지만 변경이 없다면 발급받을 필요가 없다. 신규 임대의 경우라면 내부 구조나 시설 변경 여부와 무관하게 안전시설 완비증명서를 발급받아야 한다.

예를 들어, 건축물의 용도가 제2종 근린생활시설인 4층 건물이 있다고 해보자. 안전시설 완비증명서를 구비한 노래연습장이 2층에서 영업 중이다. 노래연습장에서 당구장이나 PC방으로 업종 변경을 한다면 안전시설 완비증명서는 어떻게 될까?

당구장은 다중 이용 업소가 아니므로 안전시설 완비증명서가 필요 없다. 하지만 노래연습장에서 PC방으로 변경한다면 PC방은 다중 이용 업소이므로 안전시설 완비증명서가 필요하다. 또한, 업종이 변경되기 때문에 당구장의 안전시설 완비증명서를 승계하지는 못하고 신규로 구비해야 한다.

또 다른 예를 들어 보자. 각층 바닥 면적이 140㎡인 상가건물이 있다(제2종 근린생활시설임). 지하 1층에는 주막(형태의) 음식점, 1층에는 유명 프랜차이즈 제과점, 2층에는 당구장, 3층에는 PC방, 4층에는 노래연습장을 입점시키려고 한다.

지하 1층의 주막 음식점은 지하층 바닥 면적이 66㎡를 초과하는 다중 이용 업소이므로 안전시설 완비증명서와 스프링클러 설치가 필요하다. 1층 제과점, 2층 당구장은 다중 이용 업소가 아니므로 안전시설 완비증명서가 필요하지 않다. 3층 PC방과 4층 노래연습장은 다중 이용 업소이므로 안전시설 완비증명서가 필요하다.

방염필증

소방서에서 시설물의 재료를 채취해 방염실험을 한 다음, 규정치에 충족하면 방염필증을 발급한다. 안전시설 완비증명서와 더불어 방염필증이 있어야 다중 이용 업소는 영업신고증 등을 발급받을 수 있다. 다중 이용업에 해당되지 않는 소규모 학원은 방염필증만 구비하면 되지만 해당되는 학원이라면 안전시설 완비증명서와 방염필증을 구비해야 관할 교육청으로부터 학원 설립 등록증을 발급받을 수 있다.

예를 들어, 바닥 면적 150㎡, 건축물 용도가 제2종 근린생활시설인 상가건물 3층에 영업 중인 노래방을 승계 및 임대한다고 해보자. 양도인이 안전시설 완비증명서를 구비하고 있다면 다른 법 규정을 위반하지 않는 한, 승계 및 임대에 문제가 없다. 하지만 양도인이 안전시설 완비증명서를 구비하지 않았다면 안전시설 완비증명서를 관할 소방서에서 새롭게 발급받아야 한다. 현재의 소방법 적용을 받게 되는데 예전보다 강화된 상황이라서 비용을 들여 소방시설을 갖춰야만 발급받을 수 있을 것이다.

화재 배상 책임보험 가입 의무

화재보험은 화재로 인한 자기 건물의 손해를 보상하는 보험인 반면, 화재 배상 책임보험은 화재로 인한 타인의 생명, 신체, 재산상의 손해까지 보상하는 보험이다.

'다중 이용 업소의 안전 관리에 관한 특별법' 개정 시행일인 2013

년 2월 23일 이전에는 2,000㎡ 이상이면서 11개 업종의 다중 이용 업종이 입주해 있는 건물의 건물주만 화재보험에 가입해야 하고 업주의 가입 의무는 없었다. 그런데 2013년 2월 23일 이후부터는 다중 이용 업소의 업주는 화재 배상 책임보험에 가입해야 하고 그 증명서를 소방본부장 또는 소방서장에게 제출해야 한다.

[다중 이용 업소]

구분	내용
일반 음식점, 휴게음식점, 제과점 등	2층 이상 영업장 바닥 면적의 합계 100㎡ 이상, 지하층 영업장 바닥 면적 합계 66㎡ 이상 등
단란주점, 유흥주점	층, 면적 구분 없이 해당
영화 상영관, DVD방 등	층, 면적 구분 없이 해당
학원	수용 인원 300인 이상(570㎡ 이상) 등
목욕탕	땀을 배출할 수 있고 수용 인원이 100명 이상(300㎡), 일반 목욕탕이 아닌 찜질방, 사우나 등
PC방	1층, 주출입구가 외부의 지면에 연결되면 예외
노래연습장	층, 면적 구분 없이 해당
산후조리원	층, 면적 구분 없이 해당
고시원	층, 면적 구분 없이 해당
스크린 골프	층, 면적 구분 없이 해당
안마시술소	층, 면적 구분 없이 해당

상가의 업종을 제한하는
교육환경보호구역

유해시설로부터 학생들을 보호하기 위해 학교로부터 일정 거리 내 건물의 용도를 제한하고 있다.
학교 주변 상가에 투자한다면 이 제한을 잘 알고 있어야 한다.

고등학교 다닐 때 '왜 학교 근처에 당구장이 없을까? 학교 선생님의 불시 단속 때문일까?'라는 생각을 해봤을 것이다. 필자도 학교 근처에 당구장이 없던 이유가 교육환경보호구역(구 학교정화구역)제도 때문이라는 것을 어른이 돼서야 알았다. 유해시설로부터 학생들을 보호하기 위한 제도로 이해하면 된다. 초등학교 근처에 모텔과 같은 숙박시설이나 나이트클럽 같은 위락시설이 있다면 어떨까? 극성 엄마가 아니더라도 난리가 날 것이다.

이처럼 학생이 건강하고 쾌적한 환경에서 교육받을 수 있게 하도록 학교와 일정한 거리에 있는 건물의 용도를 제한하고 있다. 교육환경보호구역은 다시 절대보호구역과 상대보호구역으로 구분된다. 건물이 해당 구역에 있다면 토지이용계획확인서에 기재가 되어 있으며 관할 교육청 홈페이지에서 학교 환경 위생 정화구역도를 통해 확인할 수 있다.

[절대보호구역과 상대보호구역]

'절대보호구역'은 학교 출입문(학생들이 등·하교 시 이용하는 모든 출입문)으로부터 직선거리로 50미터까지인 지역을 말한다. 이 지역에는 제한 상영관, 도축장, 화장장, 납골시설, 폐기물 처리시설, 폐수 종말 처리시설, 축산 폐수 배출시설, 축산 폐수 처리시설 및 분뇨 처리시설, 가축 사체 처리장, 감염 병원, 가축 시장, 전화방, 화상 대화방, 성기구 취급업소, 배달 다방, 퇴폐 안마, 일반 음식점 중 여종업원의 접대가 이뤄지는 주점 등이 금지가 된다.

'상대보호구역'은 학교 경계선 등으로부터 직선거리로 200미터까지인 지역 중 절대보호구역을 제외한 지역을 말한다. 상대보호구역에서 총포 화약류 제조장 및 저장소, 가스 저장소, 폐기물 수집 장소, 감염병 요양소, 유흥주점, 단란주점, 노래연습장, 호텔, 모텔, 당구장, PC방, DVD방, 만화가게, 담배 자동판매기 등은 심의 대상이 된다. 제한적으로 가능은 하지만 현실적으로 심의 통과가 쉽지 않다.

상대보호구역에서 학교 경계선으로부터 200미터 거리라고 했는데 아슬아슬하게 경계선 근처에 있는 상가에 PC방을 하려고 한다. 경계선 기준은 무엇이며 PC방의 어디를 기준으로 삼아 판단할까?

학교 환경 위생 정화구역의 범위를 정하는 기준은 학교 경계선의 경우 지적공부상 학교 용지의 경계선이 아니라 학교 교육이 실질적으로 이뤄지는 공간의 경계선이다. 그리고 PC방이 상대보호구역에 포함되는지 여부를 판단하는 기준의 경계선은 해당 PC방의 전용 출입구다. PC방이 입점한 건물이 상대보호구역 내에 포함되어도 전용 출입구에서 인근 학교 경계선까지의 최단 직선거리가 200미터를 초과하면 상대보호구역에 포함되지 않는다.

대학교 주변에는 당구장과 PC방이 있는데 어떻게 가능한 것일까? 유치원과 대학교의 정화구역에 입점할 수 있는 업종이기 때문에 그렇다. 당구장, 오락실, PC방, 만화가게, 노래연습장, DVD방 등의 업종은 유치원과 대학교의 정화구역 내에서 자유롭게 영업할 수 있다.

당구장, PC방이 없는 대학교를 생각할 수 있는가? 필자는 생각할 수 없다. 대학생은 성인이므로 스스로 통제할 수 있고 유치원생은 아직 이런 유해 업소를 알 나이가 되지 않는다고 판단해 초·중·고등학교와는 다르게 허용되고 있다.

보호구역 내에 있는 상가에는 업종 제한이 많으므로 아무래도 손해를 볼 수밖에 없다. 업종 제한이 많다면 임차인 구하기가 쉽지 않고 그만큼 상가 주인은 불이익을 받는다.

간혹 학교 보호구역 내에 있는 상가인데도 제한된 업종이 버젓이 영업하기도 한다. 교육환경보호구역제도가 시행되기 전에 이미 영업을 하고 있었던 경우다. 일반적이지는 않지만 허가 취소가 되지 않고 주변에 경쟁 업소가 생기지 않는다는 장점 때문에 영업만 잘하면 희소가치가 있는 상가가 될 수도 있다.

학원과
유해 업소 제한

학원이 있는 상가건물에는 유해 업종 입점이 제한되며
유해 업소가 있는 상가건물에도 학원 입점이 어렵다. 연면적 1,650㎡ 이상 건물은 예외다.

 학원이 있는 건물에 유흥업소가 있어서 노래방 도우미가 학생들과 같이 엘리베이터를 타면 어떨까? 교육적으로도 좋을 리가 없고 학부모들의 반발이 엄청날 것이다. 그래서 학원이 입점할 때뿐만 아니라 학원이 이미 입점한 상가건물에 입점하려는 유해 업소에는 영업허가증이나 영업등록증이 발급되지 않는다. 즉, 수학학원, 영어학원 등 학원이 있는 상가건물에 노래방 등 유해 업소가 입점하기 어렵고 유해 업소가 입점한 상가건물에 학원이나 교습소가 입점하기 어렵다.

 학원이나 교습소와 동일한 건물에 유해 업소가 들어간다면 영업 인·허가를 하는 행정기관장은 미리 관할 교육감과 협의해야 하는데 현실적으로 거의 안 된다고 보면 된다. 이렇듯 학원에 관련된 법이 학원설립법(학원의 설립·운영 및 과외 교습에 관한 법률)이다. 학교 보건법 제6조 제1항에 의거한 학원의 유해 업소로는 영화관, 유흥주점, 단란주점, 호텔, 여관, 여인숙, 특수목욕장 중 증기탕, 액화가스 저장소 및 제조소, 무도장, 무도학원, 전화방, 비디오 감상실, 오락실, 노래연습장, 안마시술소, 기타 청소년의 학습 환경에 영향을 미치는 업소(만화방, 당구장, PC방 제외) 등이 있다.

바닥 면적이 $250m^2$인 5층짜리 상가건물이 있다(제2종 근린생활시설임). 4층에 수학학원이 있는데 1층에 삼겹살식당, 2층에 당구장, 3층에 PC방, 5층에 노래연습장을 입점시킬 수 있을까? 노래연습장은 유해 업소라서 입점이 불가능하지만 나머지는 가능하다.

이 정도면 상가 주인은 억울하다. 학원 하나 있다고 건물 전체에 노래방 등이 유해 업소라는 이유로 입점할 수 없다니 말이다. 재산 손해가 클 수도 있다. 그래서 이런 비효율을 방지하고자 예외 규정을 두었다.

학원설립법 제5조의 규정에 의하면, 학교교과 교습학원은 유해 업소와 동일한 건축물 안에 있어서는 안 되지만 연면적 $1,650m^2$ 이상의 건축물이라면 학원과 유해 업소가 같이 있을 수 있다. 그런데 다음의 경우에는 $1,650m^2$ 이상이라도 예외가 인정되지 않으니 주의가 필요하다.

① 학원이 유해 업소로부터 수평 거리 20미터 이내 같은 층에 있는 경우

② 학원이 유해 업소로부터 수평 거리 6미터 내 바로 위층 또는 아래층에 있는 경우

다음 그림처럼 건축물 용도는 제2종 근린생활시설이고 용도 지역은 일반 상업 지역이며 연면적 2,000㎡인 5층짜리 상가건물이 있다고 해보자. 200㎡를 차지하고 있는 영어학원이 있는 3층에 DVD방, 4층에 노래연습장, 5층에 단란주점(135㎡)이 들어올 수 있을까?

5층	유해 업소				
4층	유해 업소	6m	학원 설립 ×	6m	유해 업소
3층	유해 업소	20m	학원 설립 ○	20m	유해 업소
2층	유해 업소	6m	학원 설립 ×	6m	유해 업소
1층	유해 업소				

3층에 들어설 DVD방은 건물 연면적이 1,650㎡ 이상이고 학원이 유해 업소로부터 수평 거리 20미터 이상이면 입점이 가능하지만 20미터 이내라면 불가능하다.

4층 노래연습장은 건물 연면적이 1,650㎡ 이상이고 영어학원이 유해 업소로부터 수평 거리 6미터 이상의 바로 위층 또는 아래층에 있다면 입점이 가능하나 6미터 이내라면 불가능하다.

5층 단란주점의 경우 건물 연면적이 1,650㎡ 이상이고 같은 층이나 바로 위층, 아래층이 아니므로 입점이 가능하다. 그래서 연면적이 1,650㎡가 넘는다는 이유만으로 안심하고 유해 업종을 넣겠다

는 계획으로 상가 투자를 결정해서는 안 된다.

그렇다면 학원과 교습소의 차이는 무엇일까? 학원은 대통령령으로 정하는 수(같은 시간에 교습을 받거나 학습 장소로 이용할 수 있는 인원이 10인) 이상인 경우의 학습자에게 30일 이상의 교습과정(교습과정의 반복으로 교습 일수가 30일 이상이 되는 경우 포함)에 따라 지식, 기술, 예능을 교습하거나 30일 이상 학습 장소로 제공되는 시설이다. 반면 교습소는 신고 업종으로 학습이 가능한 공간이 15평 이하이며 평당 1명 정도 수업이 가능하다. 그리고 1시간당 최대 9명까지만 교습이 가능하다(피아노 교습소는 5명).

교습소는 강사를 둘 수 없지만 법 개정으로 보조 요원 1명은 둘 수 있으며 모든 과목을 다 가르칠 수 있지만 한 과목만 선택해서 가르쳐야 한다. '학원'이라는 명칭을 사용하지 못하고 '교습소'라는 명칭을 반드시 사용해야 한다.

편의점은
담배 판매 여부가 중요하다

담배는 편의점 사업의 필수 품목이다. 편의점을 생각해 1층에 투자하려면
담배 판매 가능 여부를 반드시 확인해야 한다.

1층 상가의 가장 인기 있는 업종은 단연 편의점이다. 국내 편의점 시장은 편의점의 원조인 일본을 위협할 정도로 급성장했다. 예전에는 목 좋은 상권 위주로 편의점이 진출했는데 시장이 포화되자 골목의 작은 슈퍼마켓이 편의점으로 전환되고 있다.

이런 상황에서 투자한 상가에 편의점이 입점하면 대환영이다. 월세도 다른 업종에 비해 잘 내는 편이고 속 썩이는 일도 별로 생기지 않기 때문이다.

편의점을 들어오게 하려면 상가가 그만한 유효 수요를 확보하고 있어야 하지만 더 중요한 부분이 있다. 바로 담배 판매 여부다. 담배? 편의점이라고 하면 다 팔 수 있다고 생각하지만 결코 그렇지 않다. 담배사업법 제16조에는 담배를 판매하는 영업소 간 거리에 따라 담배 판매 자격을 부여하고 있다. 직선거리가 아니라 보행자 거리로 100미터다. 서울시는 2019년 3월부터 종전 50미터에서 100미터로 강화해 시행하고 있으며 경기도 고양시는 2020년 11월부터 100미터 기준을 적용하고 있다. 이렇듯 거리 규정과 시점이 지자체마다 다르므로 관할 시청이나 구청에 미리 확인해야 한다. 횡단보도가 있으면 도보로 걸어가는 라인을 따라 둘러서 거리를 측정한다.

담배를 판매하려면 관할 시청이나 구청에 신청해야 하는데 그 인근에 담배 판매를 하는 곳이 있다면 일정한 거리 이상 떨어져야 허가가 나온다.

다음 그림을 보자. 이미 담배를 팔고 있는 A 편의점이 있다. A 편의점 근처에 새 편의점(B, C)을 개설하려고 한다. 과연 B 편의점과 C 편의점에 담배 판매 허가가 나올까?

[담배 판매 거리에 따른 편의점 허가 유무]

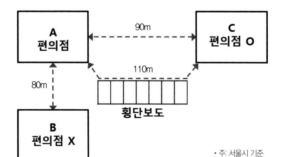

• 주: 서울시 기준

272

B 편의점은 A 편의점과의 거리가 80미터다. 100미터 이내라서 담배 판매 허가가 나오지 않는다. 편의점 매출에서 담배가 차지하는 비중이 30~40% 정도 되기 때문에 편의점 개설 포기를 심각하게 고민해봐야 하지 않을까 싶다.

C 편의점은 직선거리가 90미터로 100미터 이내에 있지만 직선이 아니라 보행자 거리 기준이기 때문에 횡단보도까지 둘러서 재면 110미터가 되므로 담배 판매가 허용된다.

담배 판매처 하나 있다고 100미터 이내에서는 담배를 팔지 못한다면 대형 빌딩은 어떻게 하라는 말인가? 담배 판매 거리 제한 관련 규정은 일반 소매인 지정에 관한 사항이다. 이외에도 구내 소매인이 있다.

담배 판매 허가를 신규로 취득하려는 건물이 일정 규모 이상이거나 판매점 면적이 일정 규모 이상일 경우 기존 판매점과의 거리와는 상관없이 허가를 받을 수 있도록 해놓았다. 건물이 크거나 판매점 면적이 클 경우 내부 수요가 많아서 그 편리를 위해 허가한다는 취지다.

연면적 2,000m^2 이상이며 내부에 엘리베이터가 설치되어 있는 건물은 기존 판매점과의 거리가 100미터 이내라도 담배 판매 허가가 가능하다. 영업점 면적이 기준이 될 때에는 100m^2 이상이어야 하는데 지자체마다 다른 경우도 있고 규정을 삭제하기도 해서 담배 판매가 중요하다면 상가 계약 전에 해당 지자체에 확인하는 것이 좋다. 예를 들어, 수원시는 영업장 면적 기준이 100m^2 이상인 반면 수원시와 인접한 화성시는 165㎡를 기준으로 하고 있다.

담배를 판매하는 슈퍼마켓이 있는 작고 낡은 상가주택을 구입해서 철거 후에 새로 지은 고객을 만난 적이 있었다. 그 고객은 당연히 1층에 편의점을 넣을 계획을 세웠는데 미처 담배 판매권까지 생각하지 못했다.

새로 지은 후에 코너 자리 1층에 편의점을 입점시키려고 편의점 본사 점포 개발 담당자를 불렀다. 그런데 그 담당자가 담배 판매권이 있는 길 건너 편의점과의 거리가 50미터 이내여서(50미터 기준 적용 시절) 아무래도 힘들 것 같다고 말하는 것이 아닌가! 명도하고 새롭게 지을 동안에는 주변 50미터 내에 편의점이 없어서 방심한 것이 화근이었다. 짓는 동안 50미터가 안 되는 거리에 편의점이 생긴 것이다.

지금은 50미터가 아닌 100미터로 강화되어서(서울시 기준) 담배 판매권을 확보하고 있는 소매점의 가치가 더욱더 높아졌다. 서울시는 소상공인, 자영업자 재원대책의 일환으로 담배 판매 업소 증가를 억제하기 위해 편의점 매출의 30~40% 이상을 차지하는 담배를 판매하는 소매인 지정 거리를 100미터 이상으로 확정해 2019년 3월부터 본격적으로 시행했다. 단, 기존에 담배 소매인 지정을 받은 사람이 근방으로 이전하는 경우에는 종전 50미터 제한 규정이 5년간 적용된다.

'서울시'라는 대표 자치단체에서 100미터로 강화하면서 다른 지자체들도 순차적으로 적용할 가능성이 높아졌지만 아직 50미터 기준이 적용되고 있는 지자체도 있으므로 관할 지자체의 시청이나 구청에 반드시 확인한다.

07
눈에 보이지 않는 권리금

권리금은 임대료와는 구분되는 일종의 자릿세다.
점포를 얻을 때 부딪히는 문제 중 하나인데 평균적인 시세가 없어서 감을 잡기 매우 힘들다.

한 유명 가수가 건물을 매입하면서 상가 임차인과 권리금 소송으로 논란이 된 적이 있었다. 도대체 권리금이 무엇이기에 이렇게 분쟁이 계속 생기는 걸까?

권리금은 기존 점포가 보유하고 있는 고객과 영업방식, 경쟁력 있는 입지를 이어받는 것에 대한 돈이다. 상가 주인인 임대인이 개입해서 받는 것이 아니라 기존 임차인과 새 임차인 간의 거래다. 그래서 상가 주인인 나는 몰라도 된다고 생각하는데 그렇지 않다.

수천만 원에서 수억 원이나 되지만 법적 보호가 완전하지 않은 권리금은 임차인 입장에서는 매우 중요한 문제다. 분쟁이 자주 발생하니 상가 주인도 권리금에 대해 정확하게 이해하고 대응방법을 알고 있어야 임차인과의 분쟁을 미리 예방하고 나쁜 임대인이 되는 것을 피할 수 있다. 권리금은 바닥권리금, 영업권리금, 시설권리금으로 구분된다.

'바닥권리금'은 상권의 입지에 대한 프리미엄이다. 유동 인구가 많고 역세권, 대로변, 코너 자리 등에서 독점적으로 장사할 수 있는 상가는 바닥권리금이 높다. 입지가 정말 좋은 새 상가에 처음으로 들어가는 임차인에게 상가 주인이 바닥권리금을 요구하기도 한다.

'영업권리금'은 기존에 영업하던 임차인이 확보한 고객을 인수받는 금액이다. 사업장을 그대로 인수받아 장사할 때 이전 10~12개월 정도의 영업 이익에 해당되는 돈으로 산정하는 경우가 많다. 물론 그 기간으로만 산정하지 않는다. 단골손님이 많아서 매출이 높은 상가라면 더 높아진다. 수강생이 많은 학원이나 단골손님을 많이 확보한 미용실이라면 영업권리금을 요구한다. 영업권리금은 바닥권리금, 시설권리금과 달리 상가가 아닌 고객 리스트 개념이기 때문에 고객 리스트가 과연 그만한 가치가 있는지, 소위 영양가 있는 자료인지 제대로 확인하면서 그 가치를 판단해야 한다.

'시설권리금'은 투자한 시설의 감가상각 후, 남은 시설의 가치에 대한 금액이다. 중고 물품 개념이기에 최소한의 시설비 정도로 책정하는 경우가 많다. 하지만 다른 업종이라면 현재 시설이 필요 없기 때문에 당연히 시설권리금을 주지 않아도 된다. 오히려 원상 복구 의무에 따른 철거 비용이 발생하기 때문에 시설권리금은 고사하고 현 시설물을 그대로 인수만 해달라고 할 수 있다.

권리금은 상가를 매입하거나 임차할 때 관행적으로 인정되지만 계약 만료 시점에 연장이 안 되면 수천만 원에서 수억 원의 권리금을 그 어디에서도 받지 못하기 때문에 갈등이 발생한다. 그런데 법적인 보호 대상이 아니라서 소송을 해도 승소 가능성은 높지 않아 임차인의 피해가 컸다. 2013년 8월 13일 이후부터는 임차보증금의 액수와 관계없이 사업자 등록을 하고 임대차 계약서에 확정일자를 날인받은 모든 임차인은 5년 계약 갱신 요구권을 확보할 수 있게 되었는데 2018년 10월에 다시 개정되어 2018년 10월 16일 이후에 계약한 경우 10년이 적용된다.

계약 갱신 요구권은 상가건물 임대차 보호법과 연관된 내용인데 최초 계약일로부터 10년 동안 임차인은 임대차 기간 만료 6개월 전부터 1개월 사이에 임대인에게 계약 갱신을 요구할 수 있고 상가 주인인 임대인은 정당한 사유 없이는 거절할 수가 없다. 2013년 8월 13일 이전에는 환산 임차 보증금[보증금+(월세×100)] 이하 등의 경우(284쪽 표 참고)에만 계약 갱신 요구권이 해당했는데 지금은 상가 임대차 보호법 환산 보증금 범위를 초과해도 계약 갱신 청구권을 요구할 수 있다. 단, 상가건물 임대차 보호법 제10조 규정에 따라 임차인이 3기의 월세를 연체하거나 임차한 건물을 고의로 파손하는 등 정당한 사유가 발생하면 임대인이 임차인의 계약 갱신 요구권을 거절할 수 있다.

특히 변경된 계약 갱신 청구권은 2013년 8월 13일 이후에 계약이 체결되거나 계약 갱신이 된 경우부터 적용된다는 점을 알고 있어야 한다. 임대료 연간 5% 초과 제한규정은 여전히 환산 임차 보증금 기준 금액을 초과한 사업자에게는 적용되지 않는다.

상가의 권리금 보호 등이 명시된 상가 임대차 보호법이 개정되면서 합계 3,000㎡ 이상인 상가나 전대차 계약 등을 제외한 환산보증금에 관계없이 모든 상가 임차인들에게 대항력이 인정된다. 상가 권리금이 법제화되어 임대인이 임차인의 권리금 회수를 방해한다면 임차인은 계약 종료 3년 이내에 손해 배상 청구를 할 수 있으므로 상가 주인인 임대인들은 주의해야 한다. 그래서 권리금 회수 방해와 예외조항은 알아둘 필요가 있다.

임대인은 임대차 기간이 끝나기 6개월 전부터 임대차 종료 시까지 권리금 회수를 방해하는 다음과 같은 행위를 하면 안 된다.

[권리금 회수를 방해하는 행위]
① 임차인이 주선한 신규 임차인에게 권리금을 요구하거나 수수하는 행위
② 신규 임차인이 기존 임차인에게 권리금을 지급하지 못하게 하는 행위
③ 신규 임차인에게 현저히 높은 차임과 보증금을 요구하는 행위
④ 정당한 사유 없이 신규 임차인과의 임대차 계약을 거절하는 행위

권리금 회수 방해의 예외조항은 다음과 같다. 임대인이 임차인의

권리금을 인정하지 않아도 되는 경우다.

> [권리금 회수 방해 예외조항]
> ① 신규 임차인이 보증금, 차임을 지급할 능력이 없는 경우
> ② 임차인으로서 의무를 위반할 우려가 있거나 상당한 사유
> 가 있는 경우
> ③ 1년 6개월 이상 해당 상가를 비영리로 사용하는 경우
> ④ 신규 임차인이 권리금 계약을 체결하고 권리금도 지급한
> 경우

예외적이긴 하지만 임차인이 상가 주인인 임대인에게 권리금을 요구할 수 있다. 임차인이 임대인에게 최초 계약 당시 권리금을 지급했고 계약 만료 시 새로운 임차인이 아닌 임대인에게 시설물을 그대로 반환해줄 경우에는 임대인에게 권리금을 받을 수 있다. 또 임대인의 사정으로 임대차 계약 기간을 채우지 못하고 중도 해지가 되는 경우에도 상가 주인에게 권리금을 요구할 수 있다.

보통 소송은 부담스럽고 6개월에서 1년 이상 고생하므로 임대차 계약 시 권리금부분을 정확하게 명시하는 것이 좋다. 원만하게 협의가 안 되어 분쟁이 생기면 법률 전문가의 상담을 먼저 받아보고 나서 법적 대응 여부를 판단하는 것이 좋다. 소송 시작 전에 내용증명을 먼저 보내는 것도 도움이 된다.

투자자라면 알아야 할
상가 임대차 보호법 ①

상가 임대차 보호법 중 상가 투자자라면, 상가 창업자라면 알고 있어야 하는 것이 있다.
바로 계약 갱신 요구권, 차임 증감 청구권, 묵시적 갱신 등이다.

계약 갱신 요구권

임대차 계약 만료 시점에 임차인이 계약 갱신을 요구할 수 있는 권리가 계약 갱신 요구권이다. 민법과 상가건물 임대차 보호법에만 규정되어 있는데 민법상으로는 강행 규정이 아니다.

계약 갱신 요구권은 상가건물 임대차 보호법상의 내용으로 최초 상가 임대차 계약일로부터 10년 동안 임차인은 임대차 기간이 만료되기 전 6개월부터 1개월까지 임대인에게 계약 갱신을 요구할 수 있다.

예전에는 임차인이 고생해서 장사가 잘되는 상가로 살려 놓으면 환산보증금 기준 금액이 초과되는 경우에는 계약 갱신 요구권이 적용되지 않는 점을 악용해 주인이 나가라고 한 다음에 권리금까지

가로채기도 했다. 실제로 권리금이 높게 형성되어 있고 환산보증금 기준 금액을 초과한 상가를 매입했다가 계약 기간 만료가 되자 연장을 해주지 않고 임차인을 내보낸 후, 상가 주인이 권리금을 받고 새로운 임차인을 구한 사례가 있다. 이런 악용을 막고자 2013년 8월 13일 이후 계약 또는 갱신 건부터는 환산보증금 금액 상관없이 계약 갱신 요구권 적용이 가능해졌다.

최초 계약일로부터 10년간은 무조건 갱신 요구를 들어줘야 한다고 하니 상가 주인 입장에서는 답답할 수도 있다. 그래서 상가건물 임대차 보호법에서는 임차인의 계약 갱신 요구를 거절할 수 있는 사유를 규정하고 있으니 상가 주인이라면 알아둘 필요가 있다.

[상가 계약 갱신 요구권 거절 사유]

• 3기의 차임을 연체한 경우

• 임차인이 거짓이나 부정한 방법으로 임차한 경우

• 서로 합의해 임대인이 임차인에게 상당한 보상을 제공한 경우

• 임대인 동의 없이 전대한 경우

• 시설물을 고의나 중과실로 파손한 경우

• 멸실(滅失)되는 경우

• 철거하거나 재건축을 하는 경우

• 임차인으로서 의무를 위반하거나 임대차를 계속하기 어려운 중대한 사유가 있는 경우

최초 임대차 계약 후 중간에 다시 계약서를 쓴다면 계약 갱신 요구권이 다시 10년이 시작되는 것으로 생각하기도 하는데 임대차 계약서를 매년 작성해도 최초 임대차 계약서를 작성한 시점부터 10년이다(2018년 10월 16일 이전 계약은 5년). 단, 2018년 10월 16일 이전에 계약했더라도 5년의 계약 갱신 청구권 효력이 남아있는 상황에서 갱신이 된다면 최초 계약일 기준 10년까지 연장되어 적용된다. 예를 들어, 2014년 1월 5일에 최초 계약을 했다면 2019년 1월 4일까지가 아니라 2024년 1월 4일까지 계약을 이어갈 수 있다.

그렇다면 임차인 아내 명의로 계약서를 다시 작성하면 계약 갱신 요구권이 인정될까? '최초'란 사업의 동일성 유무로 판단한다. 계약서의 명의가 달라졌다고 해도 사업의 동일성이 유지된다면 계약 갱신 요구권이 새로 생기는 것이 아니므로 인정되지 않는다.

상가 주인이 바뀌더라도 계약 갱신 요구권은 인정되기 때문에 상가를 산 다음, 임차인에게 내가 장사하려고 하니 비워달라고 하면 무식한 상가 주인이란 말을 들을 수 있다.

차임 증감 청구권

월세나 보증금의 증액 또는 감액과 관련된 것이 차임 증감 청구권이다. 상가 임대차 보호법 제11조에 의하면 약정한 차임(월세)이나 보증금이 조세, 공과금, 그 밖의 부담 증감이나 경제 사정 변동 때문에 적절하다고 보이지 않으면 그 증감을 청구할 수 있다. 단, 증액의 경우에는 대통령령으로 정하는 기준에 따른 비율을 초과하지 못하고 증액 청구는 임대차 계약 또는 약정한 월세 등의 증액이 있은 후 1년 이내에는 하지 못한다.

상가건물 임대차 보호법 시행령 제4조에 따르면 규정에 의한 차임 또는 보증금의 증액 청구는 청구 당시의 환산보증금[보증금+(월세×100)]의 5%를 초과하지 못한다. 이때 차임 증감 청구권이 적용되는 환산보증금의 범위는 지역별로 다음과 같다.

지역	금액
서울시	9억 원
과밀억제권역, 부산	6억 9,000만 원
광역시(부산, 인천 제외), 세종, 파주, 화성, 안산, 용인, 김포, 광주 등	5억 4,000만 원
그 밖의 지역	3억 7,000만 원

계약이 만료되었거나 재계약을 하는데 계약 종료 전 당사자 간 합의로 증액되었다면 차임 증감 청구권이 적용되지 않는다. 계약 기간이 만료되어 재계약을 하면서 월세를 올릴 때에는 5% 이상 올릴 수 있다는 의미다. 단, 상가 임대차 계약 2년이 만료되기 전에 계약 갱신 요구를 할 때에는 임대인의 청구 당시 월세 또는 보증금의 5%를 초과하지 못한다. 환산보증금 범위를 초과한 상가는 1년, 5% 제한 없이 증액을 청구할 수 있다.

참고로, 상가 임차와 관련한 각종 분쟁을 쉽고 저렴하게 해결해주는 상가건물임대차분쟁조정위원회가 대한법률구조공단, LH와 한국부동산원 산하로 해서 운영되고 있다.

코로나로 직격탄을 맞은 임차인의 고통을 덜어주기 위해 2020년 9월 24일 상가 임대차 보호법이 개정되면서 '제1급 감염병 등에 의한 경제 사정의 변동'이 증감 청구 요건에 추가됐다. 또한, 2021년 5월 24일에 입법 예고가 되어 3개월 이상 집합 금지 또는 집합 제한 조치를 받은 임차인은 중대한 경제 사정의 변동으로 폐업 신고를 한 경우 계약 해지를 할 수 있게 된다. 코로나로 인해 임차인이 임대료 감액이나 해지 요구를 과거보다 명확하게 제시할 수 있는 근거가 생겼다.

묵시적 갱신

상가건물 임대차 보호법 제10조에 따르면, 임대차 계약 만기 6개월부터 1개월 전까지 임대인이 임차인에게 갱신 거절 또는 조건 변경의 통지를 하지 않으면 자동 갱신으로 간주한다. 갱신된 기간이 2년인 주택과 달리 상가 임대차 보호법은 1년 동안 자동 갱신이 된다.

묵시적 갱신의 기간이 만료되기 전까지는 상가 주인인 임대인은 임차인이 3기 차임 연체나 상가건물 임대차 보호법 제10조 제1항의 계약 갱신 거절 사유에 해당되는 경우가 아니라면 계약 해지 통고를 할 수가 없다. 반면 임차인은 묵시적 갱신 기간 중이라도 언제든지 임대인에게 계약 해지 통고를 할 수 있다. 통고를 받은 날로부터 3개월이 지나면 해지의 효력이 발생한다.

계약 갱신 요구권은 최초의 임대차 기간을 포함해 임대차 전체 기간이 10년을 초과하면 인정되지 않지만 묵시적 갱신은 임대차 기간을 초과해도 기간 만료 전 6개월부터 1개월까지 사이에 임대인의 갱신 거절이 없으면 묵시적으로 갱신된다. 상가 주인인 임대인 입장에서는 월세나 보증금을 올려 받을 수 있는데도 묵시적 갱신 관련 통보 기간을 놓치면 1년 동안 임대료 인상 없이 계약 기간을 연장해줘야 한다. 그러므로 계약 만료 1~6개월 전에는 정신 똑바로 차리고 있어야 한다.

자신이 깜빡 잊어버려서 묵시적 갱신이 되었는데도 임차인에게 월세를 올려달라고 하거나 명도를 요구하는 무식한 상가 주인이 되지 말자. 반대로 상가 주인은 계약 만기 날짜를 잊고 있었는데 먼저 나서서 "계약 기간이 다 되었는데 월세 얼마 올려 드릴까요?"라는 과잉 친절로 올려주지 않아도 되는 월세를 올리는 임차인도 있다. 착한 것이 아니라 답답한 것이다.

투자자라면 알아야 할 상가 임대차 보호법 ②

상가 임대차 보호법과 관련해서 특히 분쟁이 많이 발생하는 부분이 있다.
바로 임차인의 월세 연체, 원상 복구의무 등이다.

임차인의 월세 연체

임차인이 월세를 내지 않는 연체와 관련해서는 민법과 상가건물 임대차 보호법에 규정되어 있다. 민법 제640조에 의하면, 임차인의 연체액이 2기의 월세에 달하면 임대인은 계약을 해지할 수 있다. 상가건물 임대차 보호법 제10조에 의하면, 3기의 월세에 해당하는 금액이 되도록 임차인이 연체하면 임대인은 임차인의 계약 갱신 요구를 거절할 수 있다. 3기의 월세는 연속적이지 않고 전체적으로 해당하면 된다.

민법에서는 2기 이상의 월세가 연체되면 계약을 해지할 수 있다고 한 반면, 상가건물 임대차 보호법에는 3기 이상 월세가 연체되면 계약 갱신 요구를 거절할 수 있다고 한다. 어떤 규정을 따르는 것이 맞을까?

실제 이 문제로 상가 임대차 분쟁 소송이 있었다. 상가의 경우 월세 연체를 이유로 계약 기간 중간에 해지할 수는 없고 계약 종료 시 계약 갱신 거절권을 행사할 수 있다는 판결이 났다. 또한, 상가 임대차 계약 시 특약사항에 월세나 관리비를 2회 이상 연체하면 단전, 단수를 하겠다는 내용을 기재하는 경우가 있는데 정당행위로 인정한 판례도 있고, 불법으로 인정한 판례도 있는데 최근에는 단전, 단수 조치의 정당행위를 엄격하게 제한하는 추세이기 때문에 주의가 필요하다.

임차인이 월세를 내지 않은 채 연락이 끊기면 공시 송달을 통해 임차인의 마지막 주소지 또는 부동산 소재지의 관할 법원에 건물 명도 청구소송을 제기해야 한다. 공시 송달의 효력은 공시 송달 사유가 법원 게시판에 게시된 날로부터 2주일이 지나면 효력이 발생한다(민사소송법 제194조 또는 제196조).

공시 송달에 의해 교부된 다음, 건물 명도 청구소송에서 승소하면 건물 명도 집행절차를 집행관에게 위임한다. 임차인의 물품을 적당한 곳에 적재해 관리자의 주의의무로 보관하고 있다가 임차인이 나타나면 보관 비용을 청구하거나(민사집행법 제274조), 임차인 소유의 물건을 공탁절차를 밟아 공탁소에 보관할 수 있다(민법 제488조). 공탁을 이용하는 경우 임차인의 물건이 공탁에 적당하지 않거나 멸실 또는 훼손될 염려가 있거나 공탁에 과다한 비용을 요구한다면 법원의 허가를 얻어 그 물건을 경매하거나 시가로 방매해 대금을 공탁할 수 있다.

김포한강신도시의 한 상가에서 있었던 일이다. 공인중개사인 임차인이 월세를 잘 내다가 어느 순간부터 일방적으로 내려서 냈다. 당연히 상가 주인은 연락을 했다. 그런데 임차인은 주변 상가 월세 시세보다 지나치게 높으니 월세를 20% 낮춰달라는 무리한 요구를 하는 것이 아닌가? 더군다나 해당 상가 점포를 현재 상가 주인에게 중개해준 사람이 바로 이 임차인이었다. 계약 당시에는 자신이 임차인으로 있으니 월세 밀릴 일도 없고 안심하라고 해놓고서는 막상 계약하고 나니 일종의 안면몰수를 한 것이다.

외국에 있던 상가 주인은 필자에게 해결을 부탁했다. 필자는 대화로 좋게 해결하려고 했는데 임차인은 일방적으로 자신의 주장만 되풀이할 뿐이어서 도무지 대화가 되지 않았다. 결국 명도소송까지 하게 되었다. 대화가 잘되면 적게라도 조정하려고 했지만 지나치게 자신의 요구만 하는 바람에 임차인은 권리금을 받지도 못하고 밀린 월세를 뺀 보증금만 돌려받고 나가는 신세가 되었다. 무식한 사람이 용감하다고 하지만 이런 무식한 행동은 바람직하지 않고 따라하지도 말자.

🏠 임차인의 원상 복구의무

임대차 계약이 종료될 때 가장 많이 발생하는 분쟁이 원상 복구에 대한 부분이다. 원상 복구를 거절하고 '배 째라'는 식으로 나오는 임차인이 있는가 하면, 임대차 계약할 당시 상태대로 원상 복구를 했는데도 처음 분양할 당시 상태로 원상 복구를 하라고 우기는 임대인도 있다.

민법 제615조에 의하면, 차주(임차인)가 차용물(임차물)을 반환할 때에는 원상 회복(복구)해야 하며 부속시킨 물건은 철거할 수 있다고 규정하고 있다. 임대차 계약서 특약사항에 임대차 계약이 종료되면 임대차 목적물을 원상으로 회복해서 임대인에게 반환해야 한다는 조항을 기재하지만 현장에서는 원상 복구의무의 범위 때문에 많은 분쟁이 발생하고 있다.

임차인이 원상 복구를 하지 않으면 임대인은 보증금을 돌려주지 않는 경우가 많은데 원상 복구의무는 사소한 부분으로 대법원 판례는 보고 있다. 그리고 손해액이 적다면 임차인이 원상 복구의무를 이행할 때까지 거액의 임차 보증금을 반환하지 않는 것은 허용될 수 없다고 봤다. 원상 복구를 하지 않았다고 무조건 보증금 반환을 거부하면 문제가 될 수 있으니 상가 주인은 이 점을 주의한다.

그렇다면 임차인의 원상 복구의무 범위는 어디까지일까? 대법원 판례는 임대차 계약에 다른 특약사항이 없다면 현 임차인이 개조하거나 시설한 부분에 대해서만 원상 복구의무가 있다고 했다.

시설물 외에도 임대차 계약이 끝났는데 임차인이 영업 허가, 등록, 신고 등과 관련해 폐업하지 않아서 문제가 되기도 한다. 대법원은 임대차 종료로 인한 임차인의 원상 복구의무에는 임차인이 사용하고 있던 부동산의 점유를 임대인에게 이전하는 것 외에도 상가 주인인 임대인이 임대 당시의 부동산 용도에 맞게 다시 사용할 수 있도록 협력할 의무도 포함한다고 했다. 상가가 또 다른 영업 허가를 받는데 방해가 되지 않도록 임차인은 임차했던 상가의 영업 허가 관련해서 폐업 신고절차를 이행할 의무가 있는 것이다.

원상 복구를 하지 않고 나간 임차인이 배상해야 할 손해의 범위는 임대인이 실제로 원상 복구를 한 시점이 아니라 임대인이 원상 복구를 할 수 있었던 시점까지의 임차료 상당액이다. 즉, 상가 주인은 임차인이 스스로 원상 복구를 하지 않는다면 임차인이 원상 복구를 할 때까지 기다리지 말고 자신의 비용으로 원상 복구를 하고 다른 사람에게 임대를 주도록 해 손실을 줄인다.

업종 제한 약정과
경업 금지의무

특정한 업종을 지정하는 업종 제한이 걸린 상가가 있다.
그 대신 업종 제한이 적용되는 상가의 자리는 분양가가 높게 책정된다.

상가 투자에 조금이라도 관심 있는 사람이라면 약국 자리라면서 분양가를 다른 자리보다 더 높게 책정해 분양하는 모습을 본 적이 있을 것이다. 약국은 자리만 괜찮으면 월세가 좀 높더라도 입점하기 때문에 1층 상가에서 가장 선호도가 높은 업종 중 하나다. 그래서 약국 입점이 확실하면 돈을 더 주고라도 해당 상가에 투자하는 사람이 많다.

새롭게 분양하는 상가 중에 내가 사려는 자리가 약국으로 지정된 것이 계약서에 명시되어 있다면 확실하다고 보면 된다. 그런데 약국으로 지정된 자리라고 해도 약국이 입점하지 않으면 소용이 없다. 약국은 병원을 보고 들어오기 때문에 1층 약국 지정 자리에 약국이 입점하려면 같은 상가건물에 병원이 있어야 한다. 소아과, 내과, 이비인후과, 안과 등 약국에서 선호하는 병원이면 더 좋다.

약사 부인을 둔 한 후배가 약국 자리 상가를 계약했다가 포기한 적이 있었다. 입점하기로 한 병원이 입점하지 않으면서 약국 자리의 의미가 없어졌기 때문이다.

최근에는 약국 외에도 커피전문점, 편의점, 공인중개사사무소 자리까지 업종 제한을 적용해 분양가를 더 높게 받는다.

분양 계약서의 업종 제한 약정

업종이 지정된 상가를 분양받으면 계약서에 관련 내용이 명시된다. 수분양자(분양받은 사람)는 그 약정을 이행해야 한다. 만약 분양 시 지정된 업종을 무단으로 변경하면 분양회사는 무단 업종 변경 금지의무 불이행을 이유로 계약을 해제할 수도 있다. 수분양자가 아니라 임차인이 다른 업종으로 영업하거나 분양받은 상가를 매수한 사람이 다른 업종을 운영해도 역시 업종 제한 약정을 위반한 것이 된다.

지정 업종에 관한 경업 금지의무는 수분양자뿐만 아니라 분양회사에도 적용된다. 약국 등 특정 업종의 자리라는 이유로 높은 가격으로 분양해놓고 다른 자리를 동일한 업종으로 분양하는 것을 막기 위해서다.

경매나 공매로 낙찰받은 상가라도 낙찰자는 지정된 업종으로만 영업할 수 있다. 만일 같은 상가건물에 없는 업종이라면 다른 상가에 영업상 이익을 침해하지 않으므로 영업할 수 있다. 낙찰받은 상가가 업종 지정이 되어 있지 않아도 이미 다른 상가가 약국, 슈퍼마켓, 미용실, 세탁소, 공인중개사사무소 등으로 업종이 지정되어 있다면 같은 상가건물에서는 영업할 수 없다. 이미 다른 상가에 지정된 업종을 굳이 한다면 영업상 이익을 침해당한 상가 주인이 법원에 영업 금지 가처분을 신청할 수 있다. 법원은 이를 받아주고 있다.

관리단 규약에 의한 업종 제한

집합건물의 소유 및 관리에 관한 법률에 따라 구분 소유자는 관리단으로 구성된다. 이 관리단은 집합건물의 관리 또는 사용을 위해 규약을 만들 수 있는데 이 규약에 업종 제한에 대한 규정을 둘 수 있다. 이런 규약에 의한 업종 지정 또는 변경은 집합건물법에서 정한 효력에 의해 규약 제정에 동의하지 않은 소유자나 임차인 모두에게 적용된다. 하지만 관리단의 규약에 의하더라도 분양과정에서 특정 업종으로 지정받은 구분 소유자의 동의를 얻어야 한다.

번영회, 상인회의 자치 회칙에 의한 업종 제한도 있는데 이 경우에는 집합건물의 관리단 규약처럼 동의하지 않은 소유자, 임차인 모두에게 적용되는 것이 아니라 상가 번영회와 같은 자치단체의 회칙에 동의한 사람에게만 적용된다.

상법상 경업 금지의무

장사하다가 상가를 매도하거나 권리금을 받고 다른 임차인에게 넘기면 상법상 또는 계약상 일정 범위 내에서 동종 영업을 하지 않아야 할 의무가 있다. 다른 사람에게 판 다음, 인근에 같은 업종으로 문을 여는 바람에 분쟁이 자주 발생한다.

소송으로 가면 계약 해제가 되거나 영업 금지 가처분 또는 손해 배상 청구를 할 수 있다. 법을 떠나서 권리금을 받고 영업권을 넘겼거나 상가를 매도했다면 인근에 같은 업종을 하는 것은 예의에도 어긋나는 일이다.

수년간 부동산 중개를 하던 A는 권리금을 받고 B에게 공인중개사사무소를 넘겼다. 그런데 A는 근처에 새로운 공인중개사사무소를 열었고 단골손님을 빼내다가 B와 심한 마찰이 생겼다.

이런 경우도 있었다. C는 감자탕가게를 하다가 매물로 내놨는데 D가 인수하고 싶다며 나타났다. D는 감자탕 관련 기술이 없으니 우선 계약금으로 일부를 내고 음식 기술을 배운 후에 잔금을 주기로 했다. 그런데 계약금 주는 날에 돈이 부족하다며 일부만 주면서 음식 기술부터 가르쳐 달라고 떼를 쓰는 바람에 C는 우선 알려주기로 했다. 그렇게 음식 기술을 배우고 나서는 시간만 끌다가 갑자기 건강이 나빠지는 바람에 인수가 힘들다는 이유로 이미 지급한 (그것도 일부만 준) 계약금을 돌려 달라는 것이 아닌가!

상가 주인이자 가게 주인인 C는 불쌍하다는 생각에 받은 계약금도 돌려주고 건강부터 회복하라는 격려도 해줬다. 그런데 몇 달 후 C의 딸이 흥분해서 다음과 같이 말했다.

"건강이 좋지 않다던 D가 근처에 감자탕가게를 열었어요!"

권리금을 주기 아까우니 계약금만 걸고 음식 기술을 배운 것이다.

경업 금지에는 해당되지 않지만 기술의 노하우를 무단으로 훔친 절도행위에 가깝고 최소한으로 지켜야 하는 장사의 양심도 없는 것이다. 하지만 현장에는 돈 앞에서 양심을 버리는 파렴치한 사람이 매우 많고 다 내 마음 같지 않다.

상가 투자자, 상가 창업자라면 착한 사람이 되기보다는 법의 테두리 안에서 원칙을 지키는 사람이 되어야 한다. C는 처음부터 정해진 계약금을 빨리 다 받고, 계약을 해지했다면 위약금으로 간주해서 계약금을 돌려주지 말았어야 했다.

상가 종합소득세

임대 소득에 대해서는 상가 종합소득세(이하 '종합소득세')가 발생한다. 종합소득세는 다른 소득과 합산해 구간별로 6~45%가 과세되며 다음 해 5월 중 종합소득세 신고 기간에 신고 및 납부해야 한다.

부가가치세를 면제받은 간이과세자도 종합소득세는 신고 및 납부를 해야 한다. 수입이 발생하지 않아 무실적인 경우에는 신고 의무가 없다. 비용이 발생한 경우에는 장부를 작성해 신고하면 향후 10년간 이월해서 결손금 공제를 받을 수 있다. 세법상 사업 소득으로 과세되는 부동산 임대 소득의 종류와 과세 내용은 다음과 같다.

구분	내용
주택	부부 합산 고가 1주택 또는 2주택 이상 월세를 받는 경우 인별 2,000만 원 이하면 분리과세
오피스텔	업무용 오피스텔은 100% 종합과세 주거용 오피스텔은 주택에 대한 과세 기준 적용
상가	100% 종합과세
토지	100% 종합과세
숙박업소(고시원, 모텔 등)	100% 종합과세

근로 소득이 있으면 합산해서 계산하기 때문에 자신의 근로 소득을 감안해 종합소득세를 미리 계산해본다. 그렇지 않으면 다음 해 5월에 예상치 못한 종합소득세 폭탄을 맞게 된다.

임대 소득만 있는 경우와 근로 소득이 있는 경우를 비교해보자. 다음 표에서 보듯이 임대 소득 1,000만 원만 있는 경우에는 36만 원의 종합 소득세가 발생하지만 근로 소득 3,000만 원이 추가되면 종합소득세가 432만 원으로 늘어난다.

[근로 소득 합산과 미합산 시 종합소득세 계산]

구분	임대 소득	임대 소득+근로소득
임대 소득 금액	1,000만 원	1,000만 원
(+)근로 소득 금액	0원	3,000만 원
(=)종합 소득 금액	1,000만 원	4,000만 원
(−)소득 공제	400만 원	400만 원
(=)과세표준	600만 원	3,600만 원
(×)세율	6%(1,200만 원 이하)	15%(1,200~4,600만 원)
(−)누진 공제	0원	108만 원
(=)산출 세액	36만 원	432만 원

소득세율 구간 및 세율은 다음과 같다.

[소득세율]

구분(과세표준 기준)	세율	누진 공제액
1,200만 원 이하	6%	–
1,200만 원~4,600만 원 이하	15%	108만 원
4,600만 원~8,800만 원 이하	24%	522만 원
8,800만 원~1억 5,000만 원 이하	35%	1,490만 원
1억 5,000만 원~3억 원 이하	38%	1,940만 원
3억 원~5억 원 이하	40%	2,540만 원
5억 원~10억 원 이하	42%	3,540만 원
10억 원 초과	45%	6,540만 원

임대 수입 금액에서 필요 경비를 제하고 소득 금액을 산출하기 때문에 필요 경비를 잘 활용하면 소득세를 줄일 수 있다. 인건비, 접대비, 세금과 공과금, 보험료, 감가상각비, 건물 수선비, 건물 관리비, 차량 유지비, 이자 비용 등의 경비를 잘 챙겨야 한다. 특히 살 때 대출을 받았다면 이자는 임대를 놓는 동안 전액 비용으로 인정받는다. 임대 보증금 반환을 위한 대출 이자도 경비로 인정받을 수 있지만 공동 사업자의 경우에는 대출 이자에 대해 다소 논란이 있다.

임대 소득세 신고에 반영된 감가상각비는 양도소득세 신고 때에는 제외가 되기 때문에 건물에 대한 감가상각비를 계상(계산하여 올림)해 임대 소득세를 신고할 것인지, 아니면 계상하지 않고 추후 양도 시 양도소득세에서 공제할 것인지는 상황에 따라 판단해야 한다.

임대차 계약 허위 신고, 간주임대료 미신고, 특수관계인에게 무상 또는 저가로 임대, 임대료와 관리비의 비율 조작 등을 통해 수입을 누락하거나 비용 관련해서, 그리고 종합소득세 신고 관련해서 문제가 발견되면 세무 조사를 받을 수 있다. 처음부터 세무사의 도움을 받는 것이 좋다. 물론 상가 주인도 전체적인 틀은 알고 있어야 한다.

상가주택의 경우에는 재산세와 종합부동산세는 양도세와 같이 부과되는데 상가는 일반 건축물로, 주택은 주택으로 구분된다.

임대 소득세는 다른 소득과 합산해 종합과세가 되지만 주택에서 발생한 임대 소득은 주택 수와 연간 임대료에 따라 비과세 또는 분리과세가 될 수도 있다. 1주택자라면 9억 원이 초과하는 고가주택을 제외하고는 비과세다. 2주택 이상이라면 연 임대 수입 2,000만 원 초과일 경우에 과세되지만 2,000만 원 이하라면 분리과세가 된다. 3주택 이상이라면 보증금에 대해서도 간주임대료로 과세가 된다.